病医院の
引き継ぎ方・
終わらせ方が

気になったら最初に読む本

医業経営研鑽会［編］　西岡秀樹［監修］
小山秀喜・岸部宏一・小島浩二郎・池田宣康［著］

はじめに

　前著「クリニック開業を思い立ったら最初に読む本」がお陰様で重版を重ね、われわれ医業経営研鑽会と日本法令さんとの間での、「開業本」の次は「廃業本」ですね、という半ば冗談から始まった本書ですが、ここ数年、昭和から平成初期にかけて開業されたドクターの引退についての相談をいただくことが急増していることもあり、本書のテーマや構成は、われわれ実務者が相談を受け、また解決策として提示するものの集大成となりました。

　共著者・監修者は、日頃それぞれ税理士・FP・行政書士・公認会計士等の立場で病医院の開設から廃止に至るまでの支援を続けており、その中で蓄積された事例は、この先の一層の増加が予想されながらも、誰もが手探りで「何とかしている」感のある病医院の承継や廃業の現場に向け、重要な情報になるものと確信しております。

　ただし、事例の蓄積や出版物も多く、方法論的にも確立された感のある病医院の開業とは逆に、病医院経営の「出口戦略」のみをテーマとした書籍は、当職の知る限りでは本書が初めての試みであり、執筆途中何度も繰り返した会議の場で、構成の変更や内容の追加を決めたりと試行錯誤しながら原稿を仕上げたのも事実です。

　当然ながら、共著者・監修者の誰もが気付かなかった情報や知見がまだまだあるものと予想されることから、読者の皆様のご意見を拝聴しながら本書をバージョンアップし、同時にわれわれも実務者としてより安全に、病医院の開業から承継または廃業までのお手伝いを継続したいと考えております。

最後になりましたが、本書の企画・構成にはじまり、まとまりのつかない共著者をひっぱっての全原稿の数回にわたる監修、そして最後は自ら原稿を手直し、というよりは一部は執筆までしてくださった医業経営研鑽会のリーダーである西岡秀樹会長と、構想から発刊に至るまで縁の下の力持ちに徹してくださった日本法令の水口鳴海様には、心よりお礼を申し上げます。
　　　　令和元年6月
　　　　　特定行政書士　岸部宏一（医業経営研鑽会 理事）

目　次

第1章　病医院を取り巻く環境

第①節　医療業界はすでに斜陽産業？ ………………… 10
1　若年者から始まっている人口減
2　地域差の存在
3　財源問題
4　平均寿命と疾病構造の変化
5　看取りの場所
6　外部環境の変化への対応

第②節　廃業・事業承継はこれからピークへ ………………… 18
1　診療所の開業・廃業の動向
2　医師数の推移
3　開業医も例外なく高齢化が進む

第③節　国も事業承継を後押ししている ………………… 25
1　一般の中小企業の状況
2　事業承継税制
3　病医院の事業承継

第④節　病医院のM＆A、診療所の居抜譲渡市場 ………………… 33
1　病医院のM＆Aおよび居抜譲渡の市場規模
2　親族外承継の増加とその理由
3　親族内承継が進まない理由
4　病院の買い手
5　病床許可申請
6　診療所の売り手と買い手

第2章　廃業・事業承継に関する基本的な知識

第①節　用語解説 ……………………………………… 42
1　承継と継承の違い
2　居抜譲渡
3　M＆A
4　親族内承継と親族外（第三者）承継
5　デューデリジェンス
6　廃　業
7　出資持分
8　社員と理事
9　保険診療の遡及

第②節　病医院の相続にかかる税金 ……………………… 52
1　相続税・贈与税の基礎知識
2　被相続人死亡による出資持分払戻請求権を行使した場合

第③節　経過措置型医療法人の出資持分の評価 ……………… 64
1　経過措置型医療法人の出資持分の評価
2　出資持分に関する相続税対策のポイント

第④節　承継を考えたら医療法人がおすすめ ……………… 70
1　医療法人について
2　非医師が理事長として承継
3　医療法人と株式会社
4　節税による医療法人化

第⑤節　病医院の相続と争族 ……………………………… 80
1　相続税対策と相続（争族）対策
2　後継者の決定
3　遺言書の作成
4　遺留分
5　代償分割
6　信託の活用

第⑥節　医療法人制度の類型 …………………………………… 91
　1　概　　況
　2　社団と財団
　3　持分あり社団と持分なし社団
　4　公益性の高い法人類型
　5　その他の分類

第⑦節　持分なし医療法人への移行 …………………………… 99
　1　持分のある医療法人の課題
　2　出資額限度法人の有効性
　3　同族性確保の問題
　4　認定医療法人制度
　5　相続税法施行令33条3項要件

第⑧節　病医院のＭ＆Ａの基礎知識 …………………………… 110
　1　出資持分あり医療法人のＭ＆Ａ
　2　持分なし医療法人のＭ＆Ａ
　3　個人開設の病医院のＭ＆Ａ
　4　居抜譲渡
　5　医療法人の合併および分割
　6　医療法人格の譲渡

第⑨節　病医院の廃業、医療法人の解散 ……………………… 120
　1　概　　説
　2　個人開設にかかる病医院の廃止・休止
　3　個人事業の廃止
　4　法人開設にかかる病医院の廃止・休止
　5　法人の解散
　6　実際の解散手続

第⑩節　病医院における信託の可能性 ………………………… 128
　1　信　　託
　2　信託と遺言の違い
　3　個人開設の病医院の信託

4　医療法人の信託

　　5　信託の税務

第3章　親族内（親子間）承継

第①節　親族内承継をスムーズに行うポイント ……………… 138

　　1　後継者の育成

　　2　承継するタイミング

　　3　個人医院の親族内承継

　　4　医療法人の親族内承継

　　5　親族内承継をサポートする第三者

第②節　相続税対策として生前にできること ……………… 151

　　1　概　　況

　　2　相続税対策

　　3　医療法人の出資持分対策

　　4　ドクター個人の相続税対策（個人医院の院長含む）

第③節　医療法人の社員の退社と出資持分の払戻し ………… 162

　　1　概　　説

　　2　社員の退社

　　3　退社前後の手続き

　　4　払戻額の算定

　　5　出資持分には2つの権利がある

　　6　社員の選定は慎重に

　　7　相続の場合の出資持分払戻請求権の行使

　　8　国税不服審判所の事例

　　9　最高裁判所の事例

　　10　社員退社時の意思表示

　　11　出資額限度法人の場合

第④節　親族内承継の一般的なスケジュールと手続き ………… 172

　　1　概　　説

2　個人開設の場合
　　3　法人開設の場合
　　4　注意点
　　5　承継者以外の子世代への配慮
　第⑤節　親族内承継の事例 …………………………………… 186
　　1　相続税対策（相続税に疎い顧問税理士）
　　2　親子のコミュニケーション不足と主導権の移譲
　　3　家族仲を無視した後継者選定
　　4　離婚というリスク
　　5　兄弟喧嘩というリスク
　第⑥節　MS法人等を用いた承継 ……………………………… 192
　　1　概　説
　　2　MS法人を活用した手法の例
　　3　MS法人を活用した経過措置型医療法人の相続税対策

第4章　親族外承継（M＆A）と廃業

　第①節　病院のM＆Aで気をつけるべきポイント ………… 200
　　1　病院の譲渡先候補の選定
　　2　秘密保持契約の締結
　　3　基本合意書の締結
　　4　デューデリジェンスの実行
　　5　最終契約書の締結
　第②節　診療所のM＆A・居抜譲渡で気をつけるべき
　　　　　ポイント …………………………………………… 212
　　1　譲渡代金の内訳がない
　　2　リース物件と契約に関する不備
　　3　契約上の地位の移転の不備
　　4　「遡及」の確認
　　5　医療機器や付帯設備など現況の確認

- 6 医療機器の保守契約
- 7 賃貸物件の確認事項

第③節 M&Aの失敗・成功事例と譲渡金額の算定例 ……… 217
- 1 M&Aの失敗・成功事例
- 2 病院のM&Aの譲渡金額の算定
- 3 診療所のM&Aにおける譲渡金額の算定

第④節 自主的な廃業とやむを得ない廃業（倒産）……… 224
- 1 概　要
- 2 法的整理手続
- 3 再生私的整理手続等
- 4 やむを得ない廃業
- 5 廃業時の状況
- 6 倒産時の状況
- 7 自主廃業するメリット

第⑤節 廃業の事例 ………………………………………… 229
- 1 自主的な廃業のケース
- 2 やむを得ない廃業（倒産）のケース

第1章　病医院を取り巻く環境

第①節 医療業界はすでに斜陽産業？

1 若年者から始まっている人口減

　有史以来明治に至るまで、約1,000万〜3,000万人台で推移してきたと推定されるわが国の人口は、明治以降の150年あまりの間に4倍近くまで急激に増加しましたが、2008年（平成20年）をピークに減少に転じたのは、周知の通りです。

図表1-①-1　長期的なわが国の人口推移

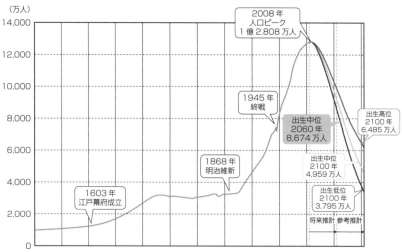

出典：「平成27年版厚生労働白書」より

また、その中でも年少人口・生産年齢人口の減少は顕著で、唯一増加傾向にある高齢者人口も2040年（令和22年）以降は減少に転じると推計されており、国内での医療のニーズ全般が減少傾向にあることは間違いありません。

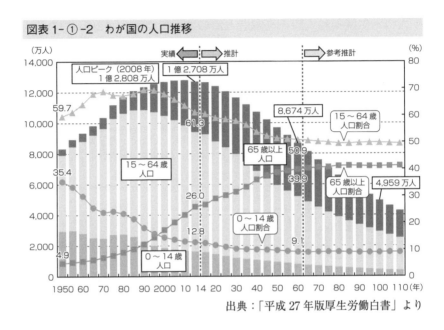

図表1-①-2　わが国の人口推移

出典：「平成27年版厚生労働白書」より

2 地域差の存在

　全国でみると人口減の時代に入っているとはいえ、大都市圏では2040年頃までは高齢人口の増加が予想されています。一方、地方においては高齢者人口の増加傾向は既に終了しており、総人口・年少人口・生産年齢人口・高齢者人口のすべてが減少する時代に入っています。

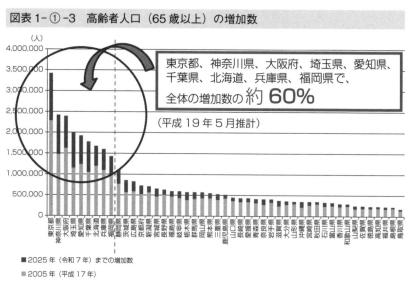

図表1-①-3　高齢者人口（65歳以上）の増加数

東京都、神奈川県、大阪府、埼玉県、愛知県、千葉県、北海道、兵庫県、福岡県で、全体の増加数の約60％

（平成19年5月推計）

■2025年（令和7年）までの増加数
■2005年（平成17年）

出典：厚生労働省保健局医療課「平成24年度診療報酬改定について」より一部修正

3 財源問題

　また、社会保障制度としての保険診療の財源も、深刻な状況にあります。

　医療費の約3分の1を占める国費の財源をとってみると、「支える側」の人口が減少することによる財源不足が続き、歳入と歳出の差は毎年の国債発行で賄っているのが現状であり、その中でもっとも伸びの大きい社会保障費は、毎年の予算編成の中で「伸びを抑える」対象とされています。

　仮に医療ニーズがあったとしても、それに見合う財源がない以上、診療報酬を下げるかたちでの保険診療の単価ダウンや、保険償還の範囲の制限等は、今後ますます深刻化することが予想されます。

図表1-①-4　一般会計における歳出・歳入の状況

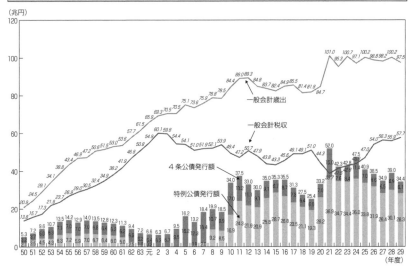

出典：財政制度等審議会「「経済・財政再生計画」の着実な実施に向けた建議（概要）」より一部修正

第1章　病医院を取り巻く環境　13

4 平均寿命と疾病構造の変化

図表1-①-5　主要死因別死亡率（人口10万人対）の長期推移

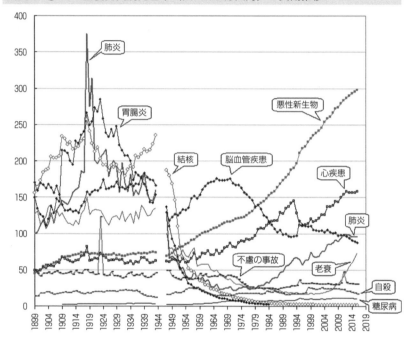

出典：厚生労働省「人口動態統計」より

図表1-①-6　平均寿命の年次推移

(単位：年)

和　暦	男	女	男女差
昭和22年	50.06	53.96	3.90
25-27	59.57	62.97	3.40
30	63.60	67.75	4.15
35	65.32	70.19	4.87
40	67.74	72.92	5.18
45	69.31	74.66	5.35
50	71.73	76.89	5.16
55	73.35	78.76	5.41
60	74.78	80.48	5.70
平成2	75.92	81.90	5.98
7	76.38	82.85	6.47
12	77.72	84.60	6.88
17	78.56	85.52	6.96
22	79.55	86.30	6.75
27	80.75	86.99	6.24
28	80.98	87.14	6.16

(注1) 平成27年以前は完全生命表による。
(注2) 昭和45年以前は、沖縄県を除く値である。
出典：厚生労働省「平成28年簡易生命表の概況」より

　現行の医療制度、保険診療制度は昭和23年の医療法、昭和33年の国民健康保険法制定時に形作られています。その当時の日本人の平均寿命は、男性60歳前後・女性65歳前後と、現在ほど高齢者が多くはなく、また主な死亡原因は結核や肺炎等の感染症、つまり比較的若年の患者への急性期医療が中心だったと考えられます。その後、医療の進歩で平均寿命は大幅に伸び、疾病構造も感染症中心から、血管病変を主原因とする慢性疾患中心の時代を経て、高齢者のがんと退行性疾患を中心とした医療需要にシフトする等、医療ニーズは大きく変わっています。

5 看取りの場所

図表1-①-7 年齢階級別に見た死亡数の推移

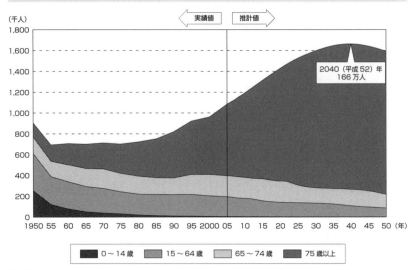

資料：2005年までは厚生労働省大臣官房統計情報部「人口動態統計」、2010年以降は社会保障・人口問題研究所「日本の将来推計人口（平成18年12月推計）中位推計」より厚生労働省政策統括官付政策評価官室作成。
(注1) 2005年までは「(年齢)不詳」を除く。日本における日本人の数値。
(注2) 2010年以降は中位推計の場合の死亡数（推計）である。日本における外国人を含む。

出典：「平成19年版厚生労働白書」より

　医療の進歩により、戦後一貫して乳幼児死亡数が減少した結果、平成に入って以降のわが国の死亡数は急激に増加し、2040年（令和22年）のピーク時には年間166万人の死亡が発生することが予想されています。その中で、病床数は政策的に絞られていくため、今後数十年間は「病院以外での看取りの場」が求められることになります。

6 外部環境の変化への対応

　戦後の人口急増期に設計された、急性期医療を前提とした現行の保険医療制度は、疾病構造や人口構成の変化に対応しきれずに「制度疲労」を起こしており、今後は制度そのものの抜本的な改革が必要となります。

　当然、医療供給側としても「人口構成が変わる」「制度が変わる」等、先代経営者が開業した時代とは病医院を取り巻く外部環境背景が全く異なることを前提に、承継により継続することの可否も含めて、ゼロベースで今後の戦略を考える必要があります。

　なお、その際には、その地域の将来の人口構成の変化の見込みや、競合となる近隣の医療提供体制像を検討し、共倒れを防ぐことを念頭に置き、規模縮小や撤退といった選択肢も視野に入れて検討することが重要となります。

（岸部宏一）

廃業・事業承継はこれからピークへ

診療所の開業・廃業の動向

　厚生労働省の「医療施設動態調査」によると、一般診療所の件数は徐々に増加を続け、平成28年10月には約10万1,500件に達しており、とりわけ無床一般診療所の件数は約9万3,000件に達しています。ただし、その伸びは徐々にゆるやかになっており、近年は、ほぼ横ばいといえます（図表1-②-1、図表1-②-2）。

　また、「医療施設動態調査」において、年間の新規開設・廃業・休止・再開のデータを確認すると、一般診療所の年間の開設件数は、平成17年当時に約5,700件ほどでしたが、平成26年調査においては約7,200件で、とくに平成25年から26年にかけて急速に伸びています。

　同様に、廃止の件数も、平成17年当時の約4,700件から、近年は約6,300件となっており、これも平成26年調査時において大きく増加しています（図表1-②-3）。

図表1-②-1　医療施設動態調査

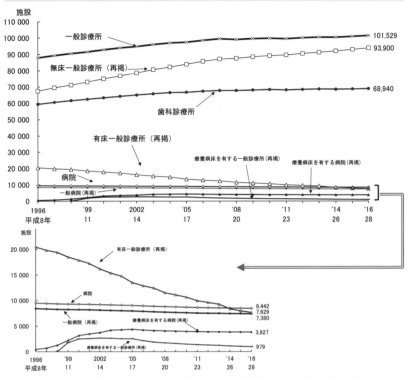

出典：厚生労働省「平成28年「医療施設動態調査」・病院報告の概況」より

図表1-②-2　施設の種類別にみた施設数の動態状況

	平成28年10月1日現在	増減数							平成27年10月1日現在
				(平成27(2015)年10月～平成28(2016)年9月)					
				増		減		種類の変更	
				開設	再開	廃止	休止		
病　院	8 442	△	38	96	1	121	14	・	8 480
精神科病院	1 062	△	2	2	-	3	-	△ 1	1 064
一般病院	7 380	△	36	94	1	118	14	1	7 416
一般診療所	101 529		534	7 206	242	6 361	553	・	100 995
有床	7 629	△	332	77	19	118	49	△ 261	7 961
無床	93 900		866	7 129	223	6 243	504	261	93 034
歯科診療所	68 940		203	1 702	50	1 411	138	・	68 737
有床	27	△	2	1	-	1	-	△ 2	29
無床	68 913		205	1 701	50	1 410	138	2	68 708

出典：厚生労働省「平成28年「医療施設動態調査」・病院報告の概況」より

図表1-②-3　施設の種類別にみた動態状況の年次推移

各年　前年10月～9月

		平成17年(2005)	18年('06)	19年('07)	20年('08)	21年('09)	22年('10)	23年('11)	24年('12)	25年('13)	26年('14)
病院	開設・再開	166	136	110	103	76	79	85	98	93	112
	開設	161	131	106	95	74	75	81	96	89	109
	再開	5	5	4	8	2	4	4	2	4	3
	廃止・休止	217	219	191	171	131	148	150	138	118	159
	廃止	202	200	175	154	124	141	121	133	113	149
	休止	15	19	16	17	7	7	29	5	5	10
一般診療所	開設・再開	6 106	4 988	5 248	5 522	4 744	4 836	5 184	5 138	5 662	7 610
	開設	5 752	4 805	5 083	5 181	4 536	4 632	4 747	4 922	5 435	7 216
	再開	354	183	165	341	208	204	437	216	227	394
	廃止・休止	5 715	3 821	4 325	5 971	4 192	4 647	5 461	4 533	5 286	7 677
	廃止	4 698	3 303	3 718	4 941	3 678	4 086	4 450	4 047	4 702	6 730
	休止	1 017	518	607	1 030	514	561	1 011	486	584	947
歯科診療所	開設・再開	2 628	2 302	2 161	2 218	1 868	1 802	2 053	1 703	1 772	2 035
	開設	2 517	2 263	2 109	2 116	1 815	1 760	1 926	1 633	1 707	1 912
	再開	111	39	52	102	53	42	127	70	65	123
	廃止・休止	2 453	1 642	1 755	2 237	1 550	1 515	2 281	1 385	1 545	2 144
	廃止	2 055	1 486	1 604	1 859	1 409	1 392	1 789	1 243	1 405	1 746
	休止	398	156	151	378	141	123	492	142	140	398

(医療施設調査)

出典：厚生労働省「平成26年「医療施設動態調査」・病院報告の概況」より

2 医師数の推移

近年の傾向として、医師数の増加と勤務先としての病院数の減少、および高い水準での開業数があります。

厚生労働省によれば、平成28年12月31日における全国の届出「医師数」は31万9,480人で、「男」25万1,987人（総数の78.9％）、「女」6万7,493人（同21.1％）となっており、昭和57年当時（16万7,952人）と比較して2倍近い人数に増加しています。平成28年届出医師数を平成26年と比較すると、2.7％増加しており、約8千人以上の医師が増加している状況です（図表1-②-4）。

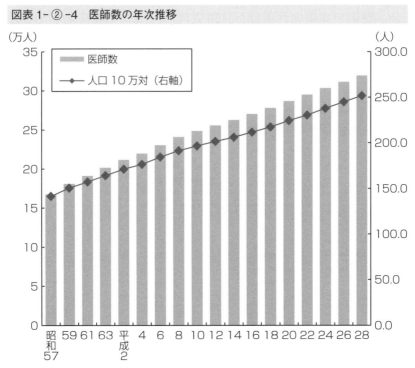

図表1-②-4　医師数の年次推移

出典：厚生労働省「平成28年（2016年）医師・歯科医師・薬剤師調査の概況」より一部修正

これに対し、病院の数は、「医療施設動態調査」によれば年々減り続けています。平成6年には9,731施設だった病院数が、平成28年には8,442施設と、約20年で1,289施設のマイナスという大幅な減少となっております。

　このように病院の淘汰が進んでおり、医師はより良い職場環境や多くの収入を求め、転職や開業を選択しています。

　廃業数の増加については、わが国全体の少子高齢化が加速度的に進んでいる状況下において、開業医だけが例外であるはずはなく、高齢化によるものと予想されます。

　診療所に従事する年齢は、50歳以上の年齢層が76.6％を占め、60歳以上でも47.3％とほぼ半数を占めている状況です（図表1-②-5）。医師の高齢化が進むと、60歳代～70歳代で廃業を考える医師も増えていくため、この結果として廃業の件数が伸びていることが考えられます。

図表1-②-5　年齢階級、施設の種別にみた医療施設に従事する医師数および施設の種別、医師の平均年齢

平成28(2016)年12月31日現在

| | 病院・診療所の計 | | 病院 | | | | | | 診療所 | |
| | | | 計 | | 病院
(医育機関附属の病院を除く) | | 医育機関附属の病院 | | | |
	医師数 (人)	構成割合 (%)	医師数 (人)	構成割合 (%)	医師数 (人)	構成割合 (%)	医師数 (人)	構成割合 (%)	医師数 (人)	構成割合 (%)
総　　　数	304 759	100.0	202 302	100.0	147 115	100.0	55 187	100.0	102 457	100.0
29 歳 以 下	27 725	9.1	27 544	13.6	17 706	12.0	9 838	17.8	181	0.2
30 ～ 39 歳	64 878	21.3	60 338	29.8	35 827	24.4	24 511	44.4	4 540	4.4
40 ～ 49 歳	68 344	22.4	49 092	24.3	36 202	24.6	12 890	23.4	19 252	18.8
50 ～ 59 歳	67 286	22.1	37 248	18.4	31 216	21.2	6 032	10.9	30 038	29.3
60 ～ 69 歳	49 630	16.3	20 050	9.9	18 212	12.4	1 838	3.3	29 580	28.9
70 歳 以 上	26 896	8.8	8 030	4.0	7 952	5.4	78	0.1	18 866	18.4
平 均 年 齢	49.6歳		44.5歳		46.7歳		38.8歳		59.6歳	

出典：厚生労働省「平成28年（2016年）医師・歯科医師・薬剤師調査の概況（改）」より

3 開業医も例外なく高齢化が進む

　高度経済成長を背景に、わが国の人口が増加し、昭和33年の国民健康保険法制定により昭和35年より国民健康保険事業が始まったこともあり、医師不足が生じ、医学部の定員増の措置がとられました。

　続いて、昭和48年2月13日に第2次田中角栄内閣のもと閣議決定された「経済社会基本計画」では、当時医学部のなかった15の県に医学部を設置する「無医大県解消構想」がスタートし、昭和56年の琉球大学医学部設置まで続きました。

　翌昭和57年には、「今後における行政改革の具体化方策について」の閣議決定において、医師については、全体として過剰を招かないように配意し、適正な水準となるよう合理的な養成計画の確立について政府部内において検討を進めるとされ、医学部の定員増加に歯止めがかかりました（図表1-②-6）。

　この昭和35年から昭和57年にかけての、急激な医学部の定員増加の時代に養成された医師が開業しているとすると、まさにこれから先20年にかけて引退や事業承継の問題が加速度的に増加し、廃業数は高い水準で推移することが、容易に予想されます。

　古い資料ではありますが、第14回医療経済実態調査（図表1-②-7）からもわかるように、無床診療所における管理者の年齢別収支および収支差額をみると、35～39歳から60歳～64歳までは収入を維持しつつも、65歳以降は収入が減少しています。

　こうした医業収入の低下も、医療施設の廃止や承継を選択する要因の1つであると思われます。政策的な医師数の増加による開業の増加および高齢化により、引退や事業承継はこれからピークを迎え、しばらくは高い水準で推移していくものと予想されます。

図表1-②-6 これまでの医学部定員に関する経緯

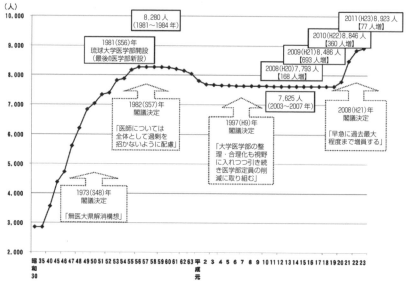

出典：文部科学省「これまでの医学部入学定員増等の取組について」より

図表1-②-7 無床診療所 管理者年齢階級別収支

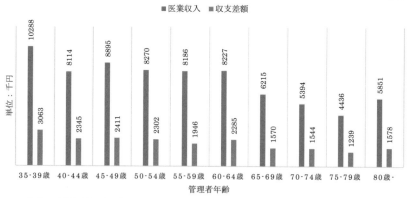

出典：厚生労働省「第14回医療経済実態調査（平成15年6月）」を基に作成

(小島浩二郎)

国も事業承継を後押ししている

 一般の中小企業の状況

　現在わが国は、中小企業経営者の高齢化がますます進んでおり、今後10年間に平均引退年齢70歳を超える中小企業経営者は、約245万人になると予想されています。にもかかわらず、半数以上の約127万人（日本企業全体の3分の1）が、事業承継の準備を終えておらず、このまま何もしないでいると、中小企業の廃業はますます増加し、地域経済に深刻な影響を与えることが予想されます。

　現状を放置すると、中小企業の廃業の増加により、2025年ころまでの10年間の累計で約650万人の雇用が失われ、約22兆円のGDPが失われる可能性があるといわれています。

　特に地方にとっては、事業承継問題は相当に深刻です。

図表1-③-1　企業数の推移

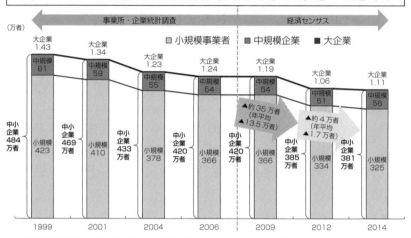

○この15年間で約100万者減少。リーマンショック後に急減したが、直近の2年間は減少ペースが緩やかに。

(出典)　総務省「経済センサス－基礎調査」「事業所・企業統計調査」、総務省・経済産業省「平成24年経済センサス－活動調査」
(注1)　企業数＝会社数＋個人事業所（単独事業所及び本所・本社・本店事業所）数とする。
(注2)　2009年、2014年経済センサス基礎調査の調査時点は7月1日であり、2012年経済センサス活動調査の調査時点は2月1日である。
(注3)　経済センサスでは、商業・法人登記等の行政記録を活用して、事業所・企業の捕捉範囲を拡大しており、本社等の事業主が支所等の情報も一括して報告する本社等一括調査を導入しているため、「事業所・企業統計調査」による結果と単純に比較することは適切ではない。

出典：中小企業庁「「事業承継ガイドライン」について」より一部修正

図表1-③-2　2020年頃に団塊経営者の大量引退期が到来

○中小企業経営者の年齢のピークは66歳に。（図1）
○直近の経営者の平均引退年齢は、中規模企業で67.7歳、小規模事業者では70.5歳となっている。（図2）
⇒2020年頃に数十万の団塊経営者が引退時期にさしかかる。

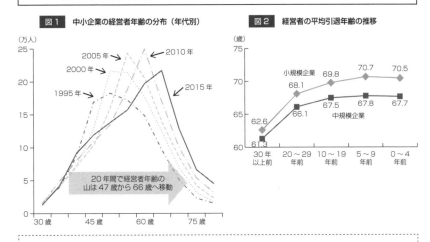

(出典・図1) 中小企業庁委託「中小企業の成長と投資行動に関するアンケート調査」（2015年12月、株式会社帝国データバンク）、㈱帝国データバンク「COSMOS1企業単独財務ファイル」、「COSMOS2企業概要ファイル」再編加工
(出典・図2) 中小企業庁委託「中小企業の事業承継に関するアンケート調査」（2012年11月、㈱野村総合研究所）

出典：中小企業庁「「事業承継ガイドライン」について」より一部修正

事業承継税制

　これまであまり適用されていなかった中小企業者の事業承継税制について、円滑な世代交代ができるように、平成30年の税制改正で特例措置として抜本的に見直されました（これまでの措置は一般措置として残っています）。

　特例措置は、事業承継の際の贈与税・相続税の納税を猶予する事業承継税制として、今後5年以内に承継計画を提出し、10年以内に実際に承継するものです。

第1章　病医院を取り巻く環境　27

図表1-③-3　事業承継税制（一般措置と特例措置の比較）

項　目	一般措置	特例措置
対象株式数・猶予割合の拡大	発行済議決権株式総数の3分の2 80％猶予対象評価額	全株式 100％猶予対象評価額
対象者の拡大贈与等を行う者	先代経営者のみ	複数株主
後継者	後継経営者1人のみ	後継経営者3人まで（10％以上の持株要件）
雇用要件の弾力化	5年平均80％	実質撤廃
相続時精算課税	推定相続人等後継者のみ	推定相続人等以外も適用可
将来不安を軽減するための新たな減免	特になし（承継時の株価が基となる）	売却時や廃業時の評価額を基に計算できる
承継計画の提出	不要	要（平成30年4月1日から5年間）
贈与等の期間	なし	平成30年1月1日から令和9年12月31日まで
M＆Aを通じた事業承継への支援策の新設	特になし	一部要件を満たした者に登録免許税・不動産取得税を軽減

出典：国税庁「非上場株式等についての贈与税・相続税の納税猶予・免除（事業承継税制）のあらまし」を基に作成

　上記のように、国として何としても今抱えている事業承継問題を解決すべく、これまでの事業承継税制の要件を相当緩和して、適用しやすい特例措置として改正しました。
　中小企業者の事業承継税制については本書では省略しますが、MS法人であってもこの税制の認定要件を満たせば適用することができます。
　平成28年12月5日に、中小企業庁は「事業承継ガイドライン」を10年ぶりに見直して公表し、平成30年2月には「事業承継の集中支援」についても公表しました。中小企業の事業承継は、わが国

の喫緊の課題として取り組まれています。

　現経営者は、「自分には後継者がいないのでどうにもならない」と考えて何もしないのではなく、まずは商工会議所・よろず支援拠点・各種士業（弁護士、公認会計士、税理士、行政書士、中小企業診断士）・事業引継ぎセンター・後継者人材バンク等に相談することが望まれます。

3　病医院の事業承継

　一般の中小企業と同様に、病医院も高齢化は進んでおり、事業承継の問題をこのまま放置すると、地域医療体制は崩壊する可能性すらあります。

　そこで厚生労働省も、これまでほとんど適用されていなかった医療法人の事業承継を円滑に進められるよう「認定医療法人」の制度を見直しました。

ア）平成 26 年 10 月から平成 29 年 9 月までの認定医療法人（旧制度）

　正確には、「認定医療法人」という法人類型はなく、「持分なし医療法人への移行計画の認定を受けた医療法人」を略して「認定医療法人」と呼称しています。以下、本書においても「認定医療法人」と記載します。

　認定医療法人とは、医療法人の経営者の死亡により相続税の支払いや持分払戻などにより医業継続が困難になるようなことなく、当該医療法人が引き続き地域医療の担い手として、地域住民に対し、医療を継続して安定的に提供していけるようにするために、医療法人による任意の選択を前提としつつ、持分なし医療法人への移行について計画的な取組みを行う医療法人を、国が認定する仕組みです。

旧制度は、持分あり医療法人が持分なし医療法人に移行する計画の認定を申請し、厚生労働省の認定を受けた場合、計画期間中（最大3年間）、出資者にかかる相続税および出資者間のみなし贈与税が納税猶予となります。
　そして、持分の放棄と定款変更（解散時の残余財産の帰属制限）により、移行完了となります。
　ただし、移行の際の医療法人へのみなし贈与税は、従来通り「不当減少要件」の判定を行い、非課税要件を満たなければ課税されていました。
　旧制度は、平成26年10月1日から起算して3年を経過するまでの間に限り行うこととされていました。
　しかしながら、この3年間での旧制度の認定件数は平成28年9月末時点61件で、うち「持分なし」へ移行完了件数は13件という状況でした。ほとんど適用されなかった理由は、前述したように、持分なし医療法人に移行するときに非課税要件を満たさないと、医療法人に対してみなし贈与税が課税されていたからです。

イ）平成29年10月から令和2年9月までの認定医療法人

　そこで国は、医療法を改正し、認定医療法人制度を3年間（平成29年10月1日から令和2年9月30日まで）延長するとともに、認定要件に「運営に関する要件」を追加して、認定医療法人が「持分なし」へ移行する際には、非課税基準を緩和（役員数、役員の親族要件、医療計画への記載等）し、あわせて、認定医療法人が持分なし医療法人に移行したときは医療法人に対するみなし贈与税を非課税にする税制改正も行いました（図表1-③-4、図表1-③-5）。

図表1-③-4 持分なし医療法人への移行計画の認定制度の延長

1. 現状と対応

○ 法人財産を持分割合に応じて出資者へ分配できる「持分あり医療法人」は、平成18年医療法改正以降、新設を認めず（※1）、「持分なし医療法人」への移行を促進
※1：持分ありの医療法人では、出資者の相続が発生すると相続税支払いのため医業資産が使われるなど法人経営の安定化について課題がある。

○ 「持分あり医療法人」から「持分なし医療法人」への移行計画を国が認定する制度を設け、相続税贈与税の納税猶予措置を実施。この認定期間が、平成29年9月までとなっていることから、延長することが必要（※2）。[医療法改正・税制改正]
※2：現状も約5万の医療法人のうち8割が持分あり医療法人である。

2. 制度の内容

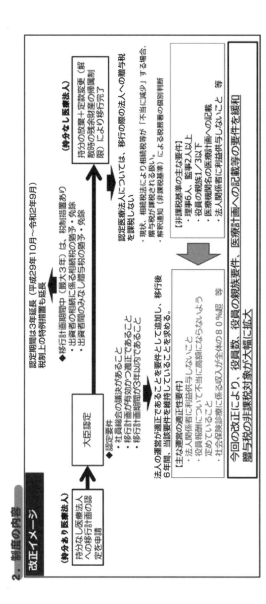

出典：厚生労働省「第50回社会保障審議会医療部会資料」（平成29年1月18日）より一部修正

図表1-③-5　認定制度の流れ

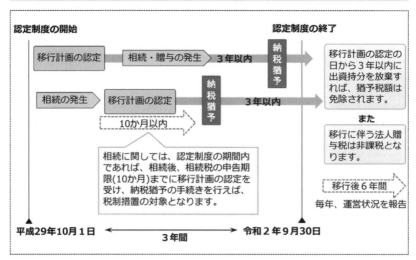

出典：厚生労働省「「持分なし医療法人」への移行促進策（延長・拡大）のご案内について」（パンフレット）より一部修正

　このように国は、一般の中小企業だけでなく、医療法人の事業承継にも、相当力を入れて後押ししています。

（小山秀喜）

病医院のM＆A、診療所の居抜譲渡市場

　病医院のM＆Aと一口にいっても、実際には病院の場合は法人格ごと事業譲渡するM＆Aがほとんどです。一方、診療所の場合は、法人格ごとのM＆A、法人が開設している医療機関の事業譲渡、居抜譲渡の3つに分かれます。

 病医院のM＆Aおよび居抜譲渡の市場規模

　地域の中核病院のM＆Aではマスコミに報道されるケースもありますが、通常は病医院のM＆Aおよび居抜譲渡について公に情報公開されることはなく、正確な市場規模を表すデータは存在しません。医療機関等のM＆Aを専門とする株式会社日本M＆Aセンターでは、病院のM＆Aを全国で年間30件程度手掛けているそうです。

　日本医師会総合政策研究機構のワーキングペーパー「医業承継の現状と課題」によると、診療所で86.1％、病院で68.4％が後継者不在となっています（図表1-④-1）。

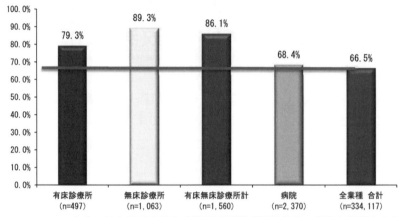

図表1-④-1　2017年（平成29年）の後継者不在率

出典：日本医師会総合政策研究機構「医業承継の現状と課題」より

　このデータからも、自院の承継問題に直面しM＆Aまたは居抜譲渡を考えているドクター、あるいは近い将来検討の必要に迫られるドクターが相当数いることが推察されます。

2　親族外承継の増加とその理由

　次に、事業承継先との関係についての傾向をみると、中小企業庁のデータでは、事業承継における親族内承継の割合が年々減少しており、在任期間5年未満の経営者では、親族内承継は30％程度となっています（図表1-④-2）。団塊世代からの承継が本格化し始めており、その承継先が親族以外である割合が増しています。

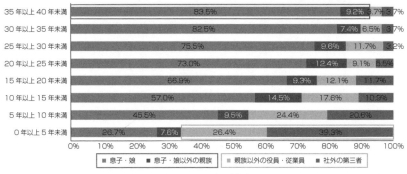

出典：中小企業庁「事業承継に関する現状と課題」より

　ドクターの場合、子供や親族もドクターであるという例が珍しくありません。また、一般企業と比べて医療機関の経営者が承継の検討を始める年齢は高い傾向にありますが、それでも親族外承継の比重が高くなってきています。その理由として、次のようなことが考えられます。

　病院の場合は、診療報酬改定への対応、病棟転換、勤務医や看護師などの労務管理、資金繰りのチェックなど、診療以外にやるべき業務が多岐にわたり、経営手腕を試されます。また、多額の借入金を背負うことがあり、返済できるのかという心理的なプレッシャーもあります。このように、経営者が１人でさまざまな課題を抱えることにより、肉体的にも精神的にも負担が大きく、同じような苦労を子供にかけたくないと考えている経営者は少なくありません。ましてや、人口減などその地域における自院の将来性が見込めないとなると、さらなる苦労が予想される病院経営より、好きな道を子供には歩ませてあげたいと考えても不思議ではありません。とくに、比較的若い世代の経営者は、自分の世代での先行きの厳しさも自覚しているが故に、現在の経営状態は悪くなくても自身の子供に自院を承継させることに固執していないのが特徴です。

3 親族内承継が進まない理由

　病院・診療所にかかわらず、子供が医学部に進めば将来、子供への承継を期待するのが親心でしょう。しかしその後、医師として働き始めても、子供が親の病医院の承継を望まない、あるいは逆に親が子供に自院を承継させない例が増えているように感じられます。

　子供側が承継を望まない理由は、親との診療方針の相違、配偶者の都市圏居住志向、子供の教育問題、周辺地域の人口減による患者減少の懸念などさまざまです。承継しないというはっきりした意思表示がない場合でも、大学や海外留学で研究の道に進んだり、親の病医院から離れた場所に自宅を購入するなど、子供の側から暗黙のサインを送っていることもあります。

　一方、理事長が健在のうちに医師としてキャリアを重ねた子供が戻ってきたとしても、経営手腕を疑問視し、あえて承継させない例もあります。医師としては優秀であっても、勤務医として医療に専念していた状況から一転して、人材の採用や労務管理、申告書・決算報告書のチェックといったマネジメント業務を一から習得するなど、経営の舵取りは並大抵のことではありません。とくに職員の多い病院では、高度な組織マネジメント能力が求められます。そのような状況の中、事務長や看護師長をはじめ、職員に自分の経営能力不足を見透かされているのではないかという強迫観念や、父親である現理事長から経営の甘さを叱責された結果、子供が心的障害を抱える例もあります。

4 病院の買い手

ア）病院グループ

　昨今の親族外承継における買い手の主役は、必ずしも大手病院グループとは限らなくなってきています。大手病院グループは、自前

で病院建設からすべて立ち上げることが可能であり、積極的に働きかけなくても売り手から話が舞い込んでくることもしばしばあるようです。したがって、大手病院グループは本当に必要な案件だけを優位な立場で選択できますので、積極的にM＆Aを行う必要性がありません。また、昨今では、大手病院グループがかつて積極的にM＆Aを行ってきたグループ内の病院建物の建替えで忙しいといった状況もあるようです。

　地方の病院グループは、人口の多い都市圏、主に病院数の多い関東圏に進出してきています。人口が減少している地域からの離脱を意図している地方の病院グループもありますが、本拠地の地域人口が減少し、減患減収になることを想定したうえで、あえてその本拠地を守るために人口の多い地域でM＆Aを仕掛けるという事例もあります。地方の病院グループ全体の売上を確保するための、戦略的M＆Aの一例です。

イ）一般企業

　以前は、一般企業が買い手の場合、利回りを期待して買収し、数年後に売却しキャピタルゲインを得ることを目的とする事例が占めていました。しかし、最近のM＆Aの買い手となる一般企業は、メーカー系、IT系、不動産系などさまざまな業種から参入してくるようになりました。それらの企業はスポンサーとして参画し、医療業界に携わっている非医師に、実質的な経営を任せる構図も増えてきました。

　また、スポンサー企業としては、自社の強みを病院経営に活かしたい、という考えもあるようです。たとえば、IT系企業であれば、自社が持つ技術を病院で試験的に導入しデータを積み上げて技術開発を進め、いずれ実用化していくことも可能です。自社の技術を導入することで、今まで医療従事者の長時間労働に支えられていた医療行為を効率化でき、システムとして外販することが可能になりま

す。

　海外の企業にも、日本の病医院のM＆Aに関心を寄せる企業が増えています。とくに中国の企業からは、自国民の訪日客のために人間ドックをやりたいという意図で、前出の株式会社日本M＆Aセンターにも頻繁に問合せがあるそうです。ただ、売り手の理事長は、交渉のテーブルに付くまでもなく、ほとんど拒否してしまうようです。

ウ）ファンド

　ファンドについては表立って出てくるものはありませんが、機関投資家などから集めた資金を基にファンドを組成し、病院M＆Aを行っているものもあります。

　その1つは、**事業承継**ファンドと位置付けられるもので、たとえば他院で勤務医として働いている子供がいるものの承継の意思が確認できない中、自院には理事長の右腕となる腹心のドクターがいるような場合に、このスキームを活用しているようです。子供が承継しないなら信頼している右腕ドクターに経営権を渡したいが、右腕ドクターにはマネジメントの経験がなく、病院の建替えや大規模修繕に多額の借入れが必要となると借入れ責任を負うことになるため、しり込みします。そこで、理事長の持分をファンドに一度売却し、右腕ドクターが承継の意思を固めた時点で、その右腕ドクターが持分を買い戻せる優先交渉権を与えます。この時点で右腕ドクターは経営者の1人とはなるものの、借入れの連帯保証人になる必要はありません。その後一定期間、ファンドから招き入れた経営のプロがつきっきりで経営全般の指南をします。申告書・決算報告書が理解できるようになると、借入金返済の道筋も見えるようになります。経営に自信を持てれば、その右腕ドクターが持分の買取りを決断できます。

このように、親族外で信頼できるドクターが経営参画し、病院の出資持分を買い取り、経営者となる一種のMBO（マネージングバイアウト）を行っているファンドがあります。

　2つ目は、不動産リートファンドと呼ばれるものです。こちらについては、厚生労働省が「医療機関が病院不動産を対象とするリートを活用する場合の留意事項について」を発出しています（平成27年6月26日医政総発0626第4号、医政支発0626第1号）。
　また同日には、国土交通省から「病院不動産を対象とするリートに係るガイドライン」が公表されています。病院不動産を対象として不動産信託の活用ができるように定められたものです。同ガイドラインでは、病院の不動産取引を行おうとする資産運用会社が、宅地建物取引業法50条の2等に基づく取引一任代理等の認可申請等に際して整備すべき組織体制や、遵守すべき医療法の規定等について、周知することを目的としています。このスキームを利用して、複数の病院のM＆Aを行い不動産証券化のうえ、投資家に運用商品として購入してもらうものです。

5　病床許可申請

　平成26年6月に「地域における医療及び介護の総合的な確保を推進するための関係法律の整備等に関する法律」（平成26年法律第83号。以下、本書において「医療介護総合確保推進法」といいます）が成立し、地域医療構想が導入されました。この地域医療構想において、各都道府県の保健医療計画で定める2次保健医療圏域を基本として定めた地域医療構想区域ごとに、2025年（令和7年）の医療需給を推計し、必要病床数を定めることになりました。地域によって状況は異なりますが、現時点で必要とされる基準病床数に対して2025年における必要病床数の過剰地域が多くなっているため、新規病床許可は一般的に困難になっています。

6 診療所の売り手と買い手

　診療所に関してのM＆A、居抜譲渡の情報はよくみられますが、不動産売買のように集約された物件情報が公表されているわけではありません。医薬品の卸、調剤薬局、医療機器卸、不動産会社、銀行等、医療機関と関係のあるさまざまな会社が、取引のある診療所で得た情報であることがほとんどです。

　売り手の理由としては、親族内に承継者がいないことが挙げられます。また、最近では人口の多い都市圏を求めて開業する診療所が増加していますが、競争も激しくなっており、開業したものの患者増が見込めず、居抜譲渡として転売される診療所も増えてきました。その他、病気や家族問題などによりやむなく譲渡する事例もあります。しかし、売りに出したものの患者数の減少、内装や医療機器類の古さなどがネックとなり、買い手が現れない診療所が多数です。厚生労働省「医療施設動態調査」によると、廃止している診療所件数が年間6,000件を超えていることからも、承継する価値に乏しい物件が多いのが実情といえます。

　その一方で、地域ブランドを築き精力的に診療を行っている、あるいは、周辺地域に競合医院があまりない診療所など、来院患者が多い診療所も存在します。そのような診療所でも、親族内に承継者がいない場合は、売却益も望めることから親族外承継の対象となり得ます。

　買い手の中心は、開業を希望しているドクターとなります。新築や新しいテナントで開業するドクターが多数を占めますが、現存の診療所を承継する場合は、中古とはいえ内装・医療機器関係を格安で引き継げるため借入金が少なくてよいこと、また一定の来院患者数を見込めることから、承継物件だけを探しているドクターも増えてきました。最近は親族外承継物件が増加していることから、医療機関の第三者承継を専門に取り扱う事業者も出てきています。

（池田宣康）

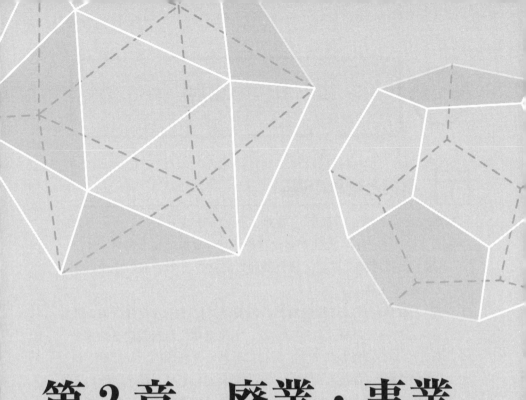

第2章　廃業・事業承継に関する基本的な知識

第①節 用語解説

1 承継と継承の違い

　病医院を引き継ぐことを、「承継」といったり「継承」といったりします。どちらも、先代から受け継ぐ意味として使う言葉です。
　「承継」とは事業、財産、権利義務といった有形のものを受け継ぐことを指す用語です。
　一方、「継承」とは思想や地位、伝統、文化といった社会的、歴史的背景までも受け継ぐことを含み、王位継承、伝統芸能を継承する、などのように使われます。何代にもわたり親族内で受け継がれている病医院は、開業した初代の意志を大切にして「継承」という言葉を使う傾向があり、開業一代目で次世代が受け継ぐ比較的新しい病医院の場合は「承継」を使うことが多いようですが、本書では「承継」で統一します。

2 居抜譲渡

　居抜譲渡とは、過去に別の病医院が使用していた内装や設備等が残った状態の物件を引き継ぐことです。そのまま、または少し手を加えただけですぐに開業可能な物件といえます。

3 M＆A

　Mergers（合併）and Acquisitions（買収）の略語で、2つ以上の法人が1つになる合併と、ある法人が他の法人を買い取る買収を表します。広義のM＆Aとして、合併・買収だけでなく、提携まで

を含める場合もあります。

ところで、居抜譲渡とM＆Aを混同している方がいます。居抜譲渡は、休診中や廃業など譲渡時点で稼働していない病医院である一方、M＆Aは譲渡時に稼働中であるという点で異なります。したがって、居抜譲渡の場合、個別の施設や設備・備品類の売買が前提となります。それに対して、内装や設備に加えて既存の患者やスタッフを引き継ぎ、その病医院ごと承継する場合や、法人格ごと承継する場合はM＆Aに該当します。つまり、居抜譲渡は内装や設備の再利用といった物件価値に主眼がおかれていますが、M＆Aは設備等に加えて職員や患者の引継ぎ、また持分あり医療法人であれば出資持分の評価分まで含めた病医院の事業価値に主眼をおいています。

診療所の承継は居抜譲渡・M＆Aの両方がありますが、病院の承継は、主として医療法人格であり、病床設置許可を再申請する必要がない法人格ごとの合併・買収となりますので、現実的にはM＆Aしかあり得ません。

合併に関しては、医療法の規定があります。

医療法

> 第57条　医療法人は、他の医療法人と合併をすることができる。この場合においては、合併をする医療法人は、合併契約を締結しなければならない。

なお、平成26年6月25日に公布された医療介護総合確保推進法のうち、医療法人の合併に関する規定について、平成26年10月1日から施行されています。これにともない、一部改正された「医療法人の合併について」（平成24年医政指発第0531第2号厚生労働省医政局指導課長通知）が同日から適用され、社団医療法人と財団医療法人の合併も認められることになりました。

4 親族内承継と親族外（第三者）承継

　事業承継を後継者の属性からみると、親族内承継と親族外承継に分かれます。通常、親子間での承継を親族内承継といいますが、甥や姪なども含め親族内承継といってもよいでしょう。
　一方で、親族外承継は第三者承継ともいいます。血縁者でない第三者が承継する場合、または内部昇格で血縁者でない者が承継する場合も、親族外承継に該当します。

5 デューデリジェンス

　デューデリジェンス（Due Diligence）とは、企業が証券を発行する際に開示している情報が証券取引法の基準に適合しているのか、投資家を保護する観点から開示情報を精査することを指して使われたことが語源といわれている用語です。現在では、不動産投資やM＆Aの際に投資対象の収益性やリスクを適正に把握するため、事前に行う手続きを指します。
　病医院におけるデューデリジェンスは、調査範囲・対象によって、次の3つに大きく分けられます。

> ▶ 財務デューデリジェンス（収益性、資産の実在性、負債の網羅等）
> ▶ 法務デューデリジェンス（契約関係、許認可、届出、訴訟案件等）
> ▶ 労務デューデリジェンス（人事制度、就業規則、労働基準等）

　必要に応じて、上記のデューデリジェンスを選択し実行します。できるだけ複数のデューデリジェンスを実施し、それぞれの調査結果をみておくことが重要です。対象となる病医院の財務状況や収益力を知るだけでなく、隠れた負債や医療訴訟案件、患者からの評判、建物の評価等々、さまざまな角度から鑑みて総合的に評価することが目的です。

6 廃　業

ア）倒　産

　法的な債務整理手続を意味するものではなく、事実上債務の返済ができなくなってしまった状態のことを、広く「倒産」といっています。破産や民事再生といった法的な用語を包括した意味で使われます。

イ）自主廃業

　自主廃業とは、病医院の開設者が自主的に廃業する、または死亡や失踪の宣告をうけた場合に廃業することです。自主的に廃業するには、借入金や買掛金などの負債を清算し、職員・患者・取引先に迷惑がかからないよう、事前に計画を立てることで、影響を最小限に留める必要があります。廃業する際は、医療法9条1項の規定により、10日以内に所在地の都道府県知事に書面をもって届け出なければなりません。

医療法

> 第9条　病院、診療所又は助産所の開設者が、その病院、診療所又は助産所を廃止したときは、10日以内に、都道府県知事に届け出なければならない。
> 2　病院、診療所又は助産所の開設者が死亡し、又は失そうの宣告を受けたときは、戸籍法（昭和22年法律第224号）の規定による死亡又は失そうの届出義務者は、10日以内に、その旨をその所在地の都道府県知事に届け出なければならない。

ただし、病院または有床診療所の場合には、医療法に基づく病床機能報告が必要であり、休院・廃院・全許可病床を返還する予定についても報告しなければなりません。そのため、たとえ個人開設であっても、保健所や都道府県と事前に相談を行ってください。

ウ）解　散

医療法人の場合は、医療法55条1項1号により、自院の定款に記載の解散事由に該当すれば解散します。

医療法

> 第55条　社団たる医療法人は、次の事由によつて解散する。
> 一　定款をもつて定めた解散事由の発生
> 二　目的たる業務の成功の不能
> 三　社員総会の決議
> 四　他の医療法人との合併（合併により当該医療法人が消滅する場合に限る(略)）
> 五　社員の欠亡
> 六　破産手続開始の決定
> 七　設立認可の取消し

医療法人を解散する場合は、原則として、事前に各都道府県に対して医療法人解散認可申請の手続きが必要です。

エ）民事再生

民事再生とは、民事再生法に基づく裁判手続です。借金の一部を返済して、残債は免責を受け、経営を立て直すための法的手続の1つです。再生手続では役員は退任せず、経営から財産の処分まで法

人主体で行うことが可能です。

　民事再生は、個人でも利用できる手続きです。個人で行う場合は個人再生といいます。個人再生は、裁判所に申立てを行ったうえで、任意整理でも返済しきれない額の借金が残っているが自己破産はしたくない場合、または住宅ローンの返済に困ったときに住宅を手放さずに生活を再建できる債務整理の方法です。民事再生では、裁判所に認可されるまでの期間は約半年といわれ、弁済期間は5～7年となります。

　民事再生ができず再建困難と判断された場合は、強制的に破産手続に移行します。

オ）破　　産

　破産とは、破産法上で規定された裁判手続を意味します。裁判所に申立てをして、債務者の財産を現金に換価し、債権者に配当する手続きをするものです。

　医療法人の破産手続では、医療法人の持つ財産をお金に換え、債権者（銀行等）に可能な限り配当し、解散手続を行います。破産した医療法人の役員は、医療法人の借金の保証人になっていない限りは、個人的な責任は負いません。

　しかし、平成28年9月1日より、医療法人のガバナンス強化を図ることを目的とする医療法改正の一部が施行され、新たに医療法人の業務執行を担っている役員の責任の大きさを勘案して、損害賠償責任等が規定されました。したがって、職務を怠ったときなどは、次の通り損害賠償責任を負う可能性があります。

> **医療法**
>
> 第八款　役員等の損害賠償責任
> 第47条　社団たる医療法人の理事又は監事は、その任務を怠つたときは、当該医療法人に対し、これによって生じた損害を賠償する責任を負う。
> (略)
> 第48条　医療法人の評議員又は理事若しくは監事(以下この項(略)において「役員等」という。)がその職務を行うについて悪意又は重大な過失があつたときは、当該役員等は、これによって第三者に生じた損害を賠償する責任を負う。
> 2　次の各号に掲げる者が、当該各号に定める行為をしたときも、前項と同様とする。ただし、その者が当該行為をすることについて注意を怠らなかつたことを証明したときは、この限りでない。
> 　一　理事　次に掲げる行為
> 　　イ　第51条第1項の規定により作成すべきものに記載すべき重要な事項についての虚偽の記載
> 　　ロ　虚偽の登記
> 　　ハ　虚偽の公告
> 　二　監事　監査報告に記載すべき重要な事項についての虚偽の記載

　自己破産の手続きには「同時廃止事件」と「管財事件」の2種類があります。これは「破産者に一定の財産(20万円以上の価値があるもの)があるかないか」で決まります。

　「同時廃止事件」は一定の財産がない手続きです。破産と同時に免責を申し立て、裁判所によって免責の判断が行われます。個人の病医院の院長が破産手続を行う際は一定の財産があることがほとんどです。したがって、「管財事件」として破産管財人が選任され財

産調査や財産などを金銭に換える換価が行われるため、免責を受けるまである程度の時間を要します。いずれにせよ個人が免責を受けると、個人債務の返済義務はなくなります。

個人破産することで、一般的に10年間は銀行からの借入れなどができなくなるといわれていますが、医師免許（歯科医師免許）や保険医登録は取り消されませんので、他の病医院で勤務することや、別の場所で開業して診療業務を行うことは可能です。

7 出資持分

出資持分とは、「経過措置型医療法人」[1]に出資した者が、当該医療法人の資産に対し、出資額に応じて有する財産権をいいます。出資持分は、経済的価値を有する財産権であり、定款に反するなどの事情がない限り譲渡性が認められ、贈与税や相続税の課税対象となります。

8 社員と理事

社団医療法人には構成員である社員のほか、医療法の定めにより、社員総会、理事・監事、理事長、理事会が設置されることになっています。医療法人における社員とは、株式会社の株主に相当し、医療法人の社員総会は、最高意思決定機関です。社員総会にて選任された理事、監事が経営を執行します。

株式会社は、社員権（株主権）を細分化した割合的単位である株式が存在し、資本多数決の原理がとられていますので、保有株式割合が半数を超えると実質的支配権を有することができますが、社団

---

[1] 平成19年施行の第五次医療法改正により、出資持分のある医療法人の新規設立はできなくなりましたが、既存の出資持分のある医療法人については、当分の間、存続する旨の経過措置がとられており、これらを「経過措置型医療法人」と呼びます。

医療法人には株式に相当する概念が存在せず、社員総会においては、社員は出資持分の有無や額等に関わりなく、1人1票の議決権を有し（医療法48条の4第1項）、議決権多数決の原理がとられています。

図表2-①-1　医療法人のイメージ図（社団の場合）

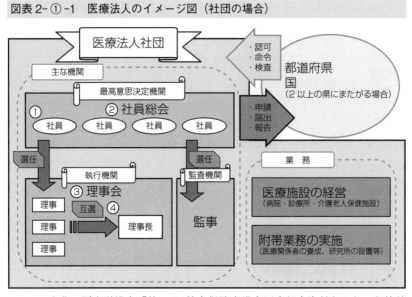

出典：厚生労働省「第13回社会保障審議会医療部会資料」より一部抜粋

9　保険診療の遡及

　保険診療を行うためには、保険医療機関としての指定を受けなければなりませんが、指定が毎月1日付けとなり、それに対する申請の締切日が決まっていることから、保険診療は早くても翌月1日からとなるため、それまでは自由診療しかできません。そこで、個人から法人への組織変更や事業譲渡等で開設者が変更になった場合、開設者が保険医療機関の指定を申請する際に遡及の扱いを希望します。遡及の扱いが認められると、指定を受けるまでの期間に行った診療にかかる保険診療報酬を、遡って請求できるようになります。

遡及の扱いについては、関東信越厚生局のウェブサイトに、次の通り掲載されています。

> 　次の場合は、例外的に、指定期日を遡及して指定を受けることができます。
> 1．保険医療機関等の開設者が変更になった場合で、前の開設者の変更と同時に引き続いて開設され、患者が引き続き診療を受けている場合。
> 2．保険医療機関等の開設者が「個人」から「法人組織」に、又は「法人組織」から「個人」に変更になった場合で、患者が引き続き診療を受けている場合。
> 3．保険医療機関が「病院」から「診療所」に、又は「診療所」から「病院」に組織変更になった場合で、患者が引き続き診療を受けている場合。
> 4．保険医療機関等が至近の距離に移転し同日付で新旧医療機関等を開設、廃止した場合で、患者が引き続き診療を受けている場合。
> （注）開設者変更の場合は、開設者死亡、病気等のため血族その他の者が引き続いて開設者となる場合、経営譲渡又は合併により、引き続いて開設者となる場合などを含みます。
> （注）至近の距離の移転として認める場合は、当該保険医療機関等の移転先がこれまで受診していた患者の徒歩による日常生活圏域の範囲内にあるような場合で、いわゆる患者が引き続き診療を受けることが通常想定されるような場合とし、移転先が2km以内の場合が原則となります。

出典：関東信越厚生局ウェブサイト[2] より

（池田宣康）

---

[2] https://kouseikyoku.mhlw.go.jp/kantoshinetsu/shinsei/shido_kansa/hoken_shitei/shiteibi_sokyu.html

病医院の相続にかかる税金

 ## 相続税・贈与税の基礎知識

　そもそも、相続とは何でしょう。

　相続開始の原因は、人の死亡です。この「人」というのは、あくまでも自然人のことであって、法人（医療法人）は含みません。

　病医院の相続ということは、個人病医院の院長の死亡か医療法人の理事長等の死亡のことを意味するものであり、医療法人自体には死亡はないため、そもそも相続はあり得ません。

　そして、相続開始とは、自然人の死亡によりその個人の資産負債等がその者と親族関係を持つ相続人に承継・移転することです。現金預金や不動産といったプラス財産だけでなく、借入金、未払税金、未払いの医療費といったマイナス財産も相続の対象になります。また、プラス財産には、経過措置型医療法人の出資持分権や、生命保険金や死亡退職金もみなし相続財産として含まれます。

　死亡した人を被相続人といい、財産を相続する人を相続人といいますが、被相続人にプラス財産やマイナス財産が全くない場合は、相続という問題は生じません。当然、この場合の相続税の申告は不要です。

　相続を規定する法律については、民法（相続編）が約40年ぶりに改正され、平成30年7月6日に成立しました。

　改正民法において、被相続人の配偶者の居住権を保護するため、配偶者居住権[3]（配偶者が相続開始時に居住していた建物に無償で居住する権利）が、**短期居住権**と**長期居住権**として、先行して制定されました（令和2年4月1日施行）。

短期居住権とは、被相続人の配偶者が相続開始時に、被相続人の財産に属した建物に無償で居住していた場合、配偶者がその建物を相続することができなくても、一定期間（6か月）その建物に居住し続けることができる権利です。短期居住権は、相続財産上評価額には含まれません。

長期居住権とは、被相続人の配偶者が相続開始時に、被相続人の財産に属した建物に居住していたとき、次のいずれかに該当する場合、その建物に居住し続けることができる権利を取得するとされているものです。

> 一　遺産の分割によって配偶者居住権を取得するものとされたとき
> 二　配偶者居住権が遺贈の目的とされたとき

長期居住権は、短期居住権と異なり、居住建物の所有者が、配偶者に対して配偶者居住権の設定の登記を備えさせる義務を負います。また、これを登記したときは、居住建物について物権を取得したものとして、その他第三者に対抗することができます。存続期間は、原則として配偶者の終身の間とされます。

ア）相続人

配偶者がいるときは、常に配偶者が相続人となり、その他の者は順位が高い順に相続人となります。

> ・配偶者（配偶者がいるときは常に配偶者は相続人となる）
> ・第一順位　子およびその代襲者
> ・第二順位　直系尊属
> ・第三順位　兄弟姉妹その他

---

[3] 詳細は省略しますが、平成31年度税制改正で、配偶者居住権の評価額が、相続税法23条の2により定められました。令和2年4月1日以後の相続から適用されます。

※　相続や遺贈により財産を取得したものが、その被相続人の一親等の血族（その代襲相続人を含みます）および配偶者のいずれでもない場合には、その者の相続税額にその相続税額の100分の20に相当する金額を加算します。

イ）法定相続分

○　子と配偶者が相続人の場合
　配偶者　2分の1
　子　　　2分の1
　　　　（複数人いる場合原則として均等に分ける）
○　配偶者と直系尊属が相続人である場合
　配偶者　3分の2
　直系尊属　3分の1
　　　　（複数人いる場合原則として均等に分ける）
○　配偶者と兄弟姉妹が相続人である場合
　配偶者　4分の3
　兄弟姉妹　4分の1
　　　　（複数人いる場合原則として均等に分ける）

ウ）遺留分

　本来、民法では、被相続人は自己の財産の承継について遺言によって意思表示をすることができますが、近親者の相続期待利益を保護し、また、被相続人の死亡後の遺族の生活を保障するために、相続財産の一部を遺族のために留保させる制度があります。これを遺留分といいます。
　遺留分の割合は、法定相続人が配偶者や子などの場合は、被相続

人の財産の2分の1、直系尊属の場合は、被相続人の財産の3分の1です。

　法定相続人が兄弟姉妹のみの場合は、遺留分はありません。

エ）遺産の分割

遺　言
　自己の財産の死後の承継について被相続人が意思表示をするもの。一般的に自筆証書遺言、公正証書遺言、秘密証書遺言がある。

遺産分割協議書
　相続人間で遺産相続について合意した内容を示す書面。

オ）相続の承認

単純承認
　相続人が無限に被相続人の権利義務を承継するもの。

限定承認
　相続人は、相続によって得た財産を限度として被相続人の債務を留保して相続の承認をすることができる。これを限定承認といい、相続の開始があったことを知ったときから3か月以内に相続人全員が家庭裁判所に申述しなければならない。

相続放棄
　相続の放棄をしようとする者は、その旨を家庭裁判所に相続の開始があったことを知ったときから3か月以内に申述しなければならない。相続放棄をした者は、はじめから相続人でなかったものとみなされる。

カ）贈与と贈与税

　贈与とは、当事者の一方が自己の財産を無償で相手に与える意思表示をし、相手方がこれを受諾することによって成立する契約です。

　相続に関する税金として、相続税と贈与税があります。

　相続税とは、人の死亡を原因とする財産の移転（相続）に着目して課される税金であり、贈与税とは、相続税の補完税として、生前中に相手からの贈与によって受け取った財産に課される税金です。

　被相続人が生前に配偶者や子などに財産を贈与すれば、その分相続財産が減り、相続税の負担も減少します。結果として、相続税の課税制度が設けられていても有効に課税されないことになるため、これを防止するために贈与税があります。

　贈与税の課税は暦年課税方式といい、1月1日から12月31日までの1年間に贈与を受けた財産の合計額から年110万円の基礎控除額を差し引いた金額に、以下の税率をかけて、贈与税額を算出します（図表2-②-1）。

図表2-②-1　贈与税の速算表【一般贈与財産用】

基礎控除後の課税価格	一般税率	控除額
200万円以下	10%	―
300万円以下	15%	10万円
400万円以下	20%	25万円
600万円以下	30%	65万円
1,000万円以下	40%	125万円
1,500万円以下	45%	175万円
3,000万円以下	50%	250万円
3,000万円超	55%	400万円

（例）贈与税の計算例

> 時価 3,000 万円の資産を贈与した場合
> 3,000 万円 − 基礎控除額 110 万円 = 2,890 万円
> 贈与税額 = 2,890 万円 × 50% − 250 万円 = 1,195 万円

なお、直系尊属（祖父母や父母）からその年の1月1日において20歳以上の者（子・孫など）への贈与の場合は、特例税率を使います（図表2-②-2）。

図表2-②-2 贈与税の速算表【特例贈与財産用】

基礎控除後の課税価格	特例税率	控除額
200万円以下	10%	−
400万円以下	15%	10万円
600万円以下	20%	30万円
1,000万円以下	30%	90万円
1,500万円以下	40%	190万円
3,000万円以下	45%	265万円
4,500万円以下	50%	415万円
4,500万円超	55%	640万円

キ）相続時精算課税方式

原則として、60歳以上の父母または祖父母から、20歳以上の子または孫に対し、財産を贈与した場合において選択できる贈与税の制度です。

相続時精算課税方式を選択した場合は、贈与者ごとに贈与財産から特別控除額（上限2,500万円）を差し引いた残額に、一律20%を乗じて贈与税を算出します。

これは、2,500万円が非課税になるわけではなく、相続時に相続

時精算課税を適用したときの価額で相続財産に加えられて、精算するものです。贈与財産が、将来値上がりするものまたは贈与財産からの運用益が必ず見込まれるときに有利に働きますが、この制度を一度適用すると、暦年課税方式には一切戻ることができなくなります（年110万円の基礎控除額は使えなくなります）。

ク）みなし相続財産

民法上の相続または遺贈により取得した財産でなくても、実質的に相続または遺贈により取得したと同様の経済効果のあるものも、「みなし相続財産」として相続税の課税財産とされています。

みなし相続財産には、被相続人の死亡により取得した生命保険金と、被相続人の死亡により受け取った死亡退職金があります。

ケ）非課税財産

相続または遺贈によって取得した財産の中には、その性質・社会政策的な見地等から、相続税の課税対象とすることが適当でないものがあります。代表的なものとして、墓地・仏壇といった祭祀財産、国・地方公共団体等への寄付財産等が挙げられます。

また、みなし相続財産である生命保険金と死亡退職金は、500万円に法定相続人の数を掛けた金額までの部分が非課税となります。

コ）相続税の基礎控除と税率

贈与税と同様に、相続税にも基礎控除額があります。

相続税の基礎控除額は、平成27年1月1日以降に相続があった場合は、「3,000万円＋600万円×法定相続人の数[4]」で計算します。

被相続人から相続によって取得した財産から非課税財産、葬式費用および債務の合計額を差し引いた金額が基礎控除額以下となる場

合は、相続税の申告をする必要はありません。

相続税の税率は、図表2-②-3の通りです。

図表2-②-3　相続税の速算表【平成27年1月1日以後の場合】

法定相続分に応ずる取得金額	税率	控除額
1,000万円以下	10%	－
3,000万円以下	15%	50万円
5,000万円以下	20%	200万円
1億円以下	30%	700万円
2億円以下	40%	1,700万円
3億円以下	45%	2,700万円
6億円以下	50%	4,200万円
6億円超	55%	7,200万円

出典：国税庁ウェブサイトより

---

[4]「法定相続人の数」は、相続人のうち相続の放棄をした人があっても、その放棄がなかったものとした場合の相続人の数をいいます。被相続人に養子がいる場合は、実子がいるときは1人、実子がいないときは2人までを法定相続人の数に含めます。

サ）相続税の計算例

図表2-②-4　課税遺産総額の計算

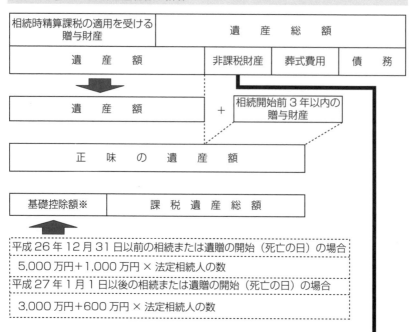

（注）被相続人に養子がいる場合、法定相続人の数に含める養子の数は、実子がいる場合は1人、実子がいない場合には2人までとなります。

出典：国税庁ウェブサイトより一部修正

図表2-②-5 相続税の計算例

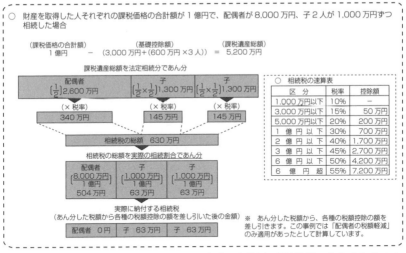

出典:国税庁「相続税のあらまし」より

なお、相続税の納税期限は、申告期限と同じく、相続開始を知った日(被相続人の死亡した日)の翌日から10か月以内となっています。

2 被相続人死亡による出資持分払戻請求権を行使した場合

ア)出資持分払戻請求権とは

経過措置型医療法人の出資持分を持つ社員に相続が発生した場合、その社員は死亡を原因として退社することになります。経過措置型医療法人の定款は「社員資格を喪失した者は、その出資額に応じて払戻しを請求することができる。」[5]と定められており、この権利を出資持分払戻請求権といいます。

---

[5] 厚生労働省の旧制度(平成18年改正前)の持分の定めのある社団医療法人定款例より。

出資持分払戻請求権は、必ず払戻しをするという強制的な規定ではなく、「できる」規定なので、払戻しをするかどうかは社員資格を喪失した者が決めます。相続の場合、社員資格を喪失した者は被相続人です。

　したがって、被相続人は生前に、死亡した場合の出資持分払戻請求権の行使について明確にしていることが望ましいです。

　出資持分払戻請求権を行使することを明らかにしていた被相続人が死亡し、医療法人から出資持分の払戻しを受けた場合は、払戻額から出資金額を超える部分は、被相続人に対するみなし配当となり、被相続人の準確定申告で申告することになります。

　なお、医療法人はみなし配当を支払う際に20.42％の源泉所得税を徴収する必要があります。この源泉所得税は被相続人の準確定申告で控除されます。

　また、相続人は医療法人から払戻しを受けた金額または金銭債権である出資持分払戻請求権を、相続財産として申告し、被相続人の準確定申告による所得税は未払税金として債務控除を受けることになります。

イ）死亡後の出資持分払戻請求権の行使とトラブル

　前述したように本来、社員資格を喪失した者は被相続人ですが、生前に出資持分払戻請求権を行使することを明確にしているケースはほとんどなく、死亡後に相続人が出資持分払戻請求権を行使することを決めることが多いです。

　このような場合、後々のトラブルを避けるためにも、相続人全員と医療法人の同意を得て、きちんと被相続人の準確定申告でみなし配当として申告するとともに、金銭債権である出資持分払戻請求権として相続税の申告をすべきです。一部の相続人が一方的に出資持分払戻請求権を相続したと主張して、医療法人と揉めるケースが多発しているからです。

たとえば、名古屋で裁判となった「出資金払戻請求事件」があります。この裁判では、相続人が出資持分ではなく出資金払戻請求権を相続したとして、医療法人に出資金の払戻しを請求してきましたが、被相続人が準確定申告をしていないこと、相続税の申告において金銭債権ではなく有価証券である特定同族株式として計上していること等を理由に、裁判所は出資持分そのものの相続を選択したと認め、出資金払戻請求権を有していないと判断しています（平成29年3月に最高裁判所で判決確定済み。第3章第③節9（168頁）もご参照ください）。

（小山秀喜）

経過措置型医療法人の出資持分の評価

 経過措置型医療法人の出資持分の評価

　被相続人の死亡に伴い出資持分払戻請求権を行使しないときは、その出資持分が相続財産となります。

　経過措置型医療法人の出資の評価は、財産評価基本通達194-2の定めにより、取引相場のない株式の評価方法に準じて評価します。

　まず、医療法人を、「従業員数」「総資産価額」「年取引金額」を基に、「大会社」「中会社」「小会社」の規模に区分し、各々その規模に応じて「類似業種比準価額方式」「純資産価額方式」または両者の併用方式により評価することになります。

図表2-③-1　評価上の株主の判定および会社規模の判定の明細書

第1表の2　評価上の株主の判定及び会社規模の判定の明細書(続)　会社名　　　　　（平成三十年一月一日以降用）

取引相場のない株式(出資)の評価明細書

3．会社の規模（Lの割合）の判定

判定要素	項目	金額	項目	人数
	直前期末の総資産価額（帳簿価額）	千円	直前期末以前1年間における従業員数	人　　[従業員数の内訳]　継続勤務従業員数　（継続勤務従業員以外の従業員の労働時間の合計時間数）　（　人）＋　（　　時間）／1,800時間
	直前期末以前1年間の取引金額	千円		

ⓑ 直前期末以前1年間における従業員数に応じる区分

- 70人以上の会社は、大会社（ⓐ及びⓒは不要）
- 70人未満の会社は、ⓐ及びⓒにより判定

判定基準	ⓐ 直前期末の総資産価額(帳簿価額)及び直前期末以前1年間における従業員数に応じる区分				ⓒ 直前期末以前1年間の取引金額に応ずる区分			会社規模とLの割合(中会社)の区分
	総資産価額（帳簿価額）			従業員数	取引金額			
	卸売業	小売・サービス業	卸売業、小売・サービス業以外		卸売業	小売・サービス業	卸売業、小売・サービス業以外	
	20億円以上	15億円以上	15億円以上	35 人 超	30億円以上	20億円以上	15億円以上	大 会 社
	4億円以上20億円未満	5億円以上15億円未満	5億円以上15億円未満	35 人 超	7億円以上30億円未満	5億円以上20億円未満	4億円以上15億円未満	0.90　中
	2億円以上4億円未満	2億5,000万円以上5億円未満	2億5,000万円以上5億円未満	20 人 超35 人 以 下	3億5,000万円以上7億円未満	2億5,000万円以上5億円未満	2億円以上4億円未満	0.75　会
	7,000万円以上2億円未満	4,000万円以上2億5,000万円未満	5,000万円以上2億5,000万円未満	5 人 超20 人 以 下	2億円以上3億5,000万円未満	6,000万円以上2億5,000万円未満	8,000万円以上2億円未満	0.60　社
	7,000万円未満	4,000万円未満	5,000万円未満	5 人 以 下	2億円未満	6,000万円未満	8,000万円未満	小 会 社

・「会社規模とLの割合（中会社）の区分」欄は、ⓐ欄の区分（「総資産価額（帳簿価額）」と「従業員数」とのいずれか下位の区分）とⓒ欄（取引金額）の区分とのいずれか上位の区分により判定します。

判定	大会社	中会社			小会社
		Lの割合			
		0.90	0.75	0.60	

ア）大会社

　大会社は、原則として、類似業種比準方式により評価します。

　類似業種比準方式は、類似業種の株価を基に、評価する会社の1株当たりの「配当金額」「利益金額」および「純資産価額（簿価）」の3つで比準して評価する方法です。

イ) 小会社

小会社は、原則として、純資産価額方式によって評価します。

純資産価額方式は、会社の総資産や負債を原則として相続税の評価に洗い替えて、その評価した総資産の価額から負債や評価差額に対する法人税額等相当額を差し引いた残りの金額により評価する方法です。

ウ) 中会社

中会社は、大会社と小会社の評価方法を併用して評価します。

⑦類似業種比準価額方式

類似業種比準価額方式は、類似している業種（医療法人は「その他産業」に該当）の株価を基準として、比準要素（1株当たりの利益金額と1株当たりの純資産価額の2要素）により算定する方式です。

利益を基に計算する方式と考えれば、理解しやすいでしょう。

類似業種比準価額方式の計算式

$$A \times \left[\frac{\frac{Ⓒ}{C} + \frac{Ⓓ}{D}}{2^{(注1)}} \right] \times 斟酌率^{(注2)}$$

A：類似業種の株価（「その他の産業」を適用）
C：類似業種の利益金額
D：類似業種の純資産価額
Ⓒ：医療法人の利益金額
Ⓓ：医療法人の純資産価額

(注1) 分母の2は、ⒸやⒹがゼロの場合も2として計算する。
(注2) 斟酌率は、大会社 0.7、中会社 0.6、小会社 0.5 となる。
(注3) 出資口数は1口当たり50円換算して求める。

⑦純資産価額方式

　純資産価額方式は、相続等のあった課税時期現在における総資産価額や負債の金額について「貸借対照表の帳簿価額」と「相続税評価額」を基として、両者の差異を調整して1株当たりの純資産価額を算定する方式です。

　財産を基に計算する方式と考えれば、理解しやすいでしょう。

　純資産価額の相続税評価額は、国税庁が定めた財産評価基本通達により計算しなければなりません。土地は、路線価方式または倍率方式で計算し、建物は固定資産税評価額を基に計算します。

　また、帳簿価額に載っていなくとも、借地があれば借地権の評価も計算しますし、生命保険については解約返戻金相当額で計算しなければなりません。

純資産価額方式の計算式

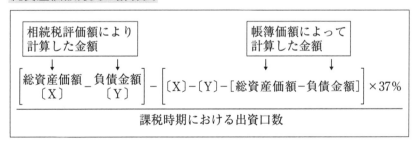

㋐規模区分別の医療法人の出資持分の評価

　特定の評価会社に該当しない医療法人の出資持分の評価は、一般の取引相場のない株式の評価方法に準じて行います。具体的には、その医療法人の規模区分に応じて次のようになります（図表2-③-2）。

図表2-③-2　特定の評価会社に該当しない医療法人の出資持分の評価方式

規模区分	医療法人の出資持分の評価	
大会社	①	類似業種比準価額
	②	純資産価額（相続税評価額による。以下同じ）
	③	①と②いずれか低い金額
中会社	①	類似業種比準価額×L＋純資産価額×（1－L）注
	②	純資産価額
	③	①と②いずれか低い金額
小会社	①	純資産価額
	②	類似業種比準価額×0.50＋純資産価額×（1－0.50）
	③	①と②いずれか低い金額

（注）中会社の「L」の割合は「0.60」「0.75」「0.90」のいずれか。従業員数、純資産価額、従業員数、年取引金額が多いほど「L」の割合は高くなる。

2　出資持分に関する相続税対策のポイント

　あまり知られていませんが、経過措置型医療法人の出資持分の評価は、その医療法人が大会社・中会社・小会社のどの規模に区分されるのかで、相続税対策にかなりの差がでます。

　たとえば、大会社に区分された医療法人の場合、類似業種比準価額と純資産価額のいずれか低い方が評価額となります。

　内部留保がかなりある医療法人であれば、ほぼ確実に類似業種比準価額の方が評価が低いので、相続税対策をするのであれば、類似業種比準価額を下げなければ意味がありません。

しかし、医療法人には、さまざまな人物から相続税対策が提案されます。
　相続税対策としてよく提案されるのが、土地を購入することで純資産価額を下げるという方法です。
　前述したように、土地は財産評価基本通達により計算しますが、一般的に財産評価基本通達で計算した金額は時価より低くなります。
　国税庁のウェブサイトにも「路線価及び評価倍率は、毎年1月1日を評価時点として、地価公示価格、売買実例価額、不動産鑑定士等による鑑定評価額、精通者意見価格等を基として算定した価格の80％により評価しています。」と記載されています[6]。
　たしかに、土地を購入すれば純資産価額を下げることは可能ですが、そもそも大会社で類似業種比準価額の方が低い場合、純資産価額が下がっても相続税対策にはなりません。
　このように、医療法人の出資持分について相続税対策を検討するときは、まず最初にその医療法人が大会社・中会社・小会社のどの規模に区分されるのかを確認する必要があります。

（小山秀喜）

---

[6] https://www.nta.go.jp/about/organization/kantoshinetsu/release/data/h30/rosenka/index.htm

第④節 承継を考えたら医療法人がおすすめ

1 医療法人について

　病医院の承継を考えるうえで、医療法人化は第一の選択肢でしょう。とくに第5次医療法改正において、平成19年4月1日以後に設立した医療法人では持分というものが存在せず、現行税制では、相続税や贈与税が未返還の基金を除きかからないため、子や孫などの後継者に課税されることなく承継をすることが可能となっています。

　早めに医療法人を設立し、医療法人内で貯めた資産に関して相続税や贈与税で資産を目減りさせることなく引き継ぐことが可能です。

　医療法人に関して、承継の観点から説明します。医療法人とは文字通り医療法によって設立された法人であり、次のように定められています。

医療法

> 第39条　病院、医師若しくは歯科医師が常時勤務する診療所、介護老人保健施設又は介護医療院を開設しようとする社団又は財団（以下略）

　その総数は、平成29年3月31日時点で5万3,000件です。当初、医療法人については医師・歯科医師が常時3人以上勤務していることが要件とされていましたが、第1次医療法改正（昭和60年12月公布）において、診療所経営の近代化のため1人でも認められることとなり、急速に設立の数が増加しました。

図表2-④-1　種類別医療法人数の年次推移

年別	医療法人 総数	財団	社団 総数	社団 持分有	社団 持分無	一人医師医療法人（再掲）	特定医療法人（再掲） 総数	特定医療法人（再掲） 財団	特定医療法人（再掲） 社団	特別医療法人（再掲） 総数	特別医療法人（再掲） 財団	特別医療法人（再掲） 社団	社会医療法人（再掲） 総数	社会医療法人（再掲） 財団	社会医療法人（再掲） 社団
昭和45年	2,423	336	2,087	2,007	80		89	36	53						
50年	2,729	332	2,397	2,303	94		116	41	75						
55年	3,296	335	2,961	2,875	86		127	47	80						
60年	3,926	349	3,577	3,456	121		159	57	102						
61年	4,168	342	3,826	3,697	129	179	163	57	106						
62年	4,823	356	4,467	4,335	132	723	174	58	116						
63年	5,915	355	5,560	5,421	139	1,557	179	58	121						
平成元年	11,244	364	10,880	10,736	144	6,620	183	60	123						
2年	14,312	366	13,946	13,796	150	9,451	187	60	127						
3年	16,324	366	15,958	15,800	158	11,296	189	60	129						
4年	18,414	371	18,043	17,877	166	13,205	199	60	139						
5年	21,078	381	20,697	20,530	167	15,665	206	60	146						
6年	22,851	381	22,470	22,294	176	17,322	210	60	150						
7年	24,725	386	24,339	24,170	169	19,008	213	60	153						
8年	26,726	392	26,334	26,146	188	20,812	223	63	160						
9年	27,302	391	26,911	26,716	195	21,324	230	64	166						
10年	29,192	391	28,801	28,595	206	23,112	238	64	174						
11年	30,956	398	30,558	30,334	224	24,770	248	64	184						
12年	32,708	399	32,309	32,067	242	26,045	267	65	202	8	2	6			
13年	34,272	401	33,871	33,593	278	27,504	299	65	234	18	3	15			
14年	35,795	399	35,396	35,088	308	28,967	325	67	258	24	5	19			
15年	37,306	403	36,903	36,581	322	30,331	356	71	285	29	7	22			
16年	38,754	403	38,351	37,977	374	31,664	362	67	295	35	7	28			
17年	40,030	392	39,638	39,257	381	33,057	374	63	311	47	8	39			
18年	41,720	396	41,324	40,914	410	34,602	395	63	332	61	10	51			
19年	44,027	400	43,627	43,203	424	36,973	407	64	343	79	10	69			
20年	45,078	406	44,672	43,638	1,034	37,533	412	64	348	80	10	70			
21年	45,396	396	45,000	43,234	1,766	37,878	402	58	344	67	6	61	36	7	29
22年	45,989	393	45,596	42,902	2,694	38,231	382	51	331	54	3	51	85	13	72
23年	46,946	390	46,556	42,586	3,970	39,102	383	52	331	45	2	43	120	19	101
24年	47,825	391	47,434	42,245	5,189	39,947	375	49	326	9	1	8	162	28	134
25年	48,820	392	48,428	41,903	6,525	40,787	375	50	325	0	0	0	191	29	162
26年	49,889	391	49,498	41,476	8,022	41,659	375	46	329	0	0	0	215	34	181
27年	50,866	386	50,480	41,027	9,453	42,328	376	48	328	0	0	0	239	34	205
28年	51,958	381	51,577	40,601	10,976	43,237	369	49	320	0	0	0	262	34	228
29年	53,000	375	52,625	40,186	12,439	44,020	362	49	313	0	0	0	279	35	244

（注1）平成8年までは年末現在数、9年以降は3月31日現在数である。
（注2）特別医療法人は、平成24年3月31日をもって経過措置期間が終了したため、平成24年4月1日以降の法人数は0となる。

出典：厚生労働省「医療法人・医業経営のホームページ」[7]より

---

[7] https://www.mhlw.go.jp/stf/seisakunitsuite/bunya/kenkou_iryou/iryou/igyou/index.html

2 非医師が理事長として承継

　ここで、株式会社と医療法人（基金拠出型）を簡単に比較します。旧商法では株式会社も取締役3人以上が必要でしたが、平成18年5月1日に現行の会社法が施行され、1人以上で設立することが可能となりました。医療法人の場合は、原則役員として、理事3人以上および監事1人以上を置かなければならないとされています（医療法46条の5）。

　また、会社法では代表取締役の資格について特段の規制はありませんが、医療法46条の6第1項により、医療法人の理事長は原則医師であることが条件となっています。これは、医師または歯科医師でない者の実質的な支配下にある医療法人において、医学的知識の欠陥に起因し問題が惹起されるような事態を未然に防止しようとするものです（昭和61年6月26日健政発第410号「医療法人制度の改正及び都道府県医療審議会について」）。

　ただし、例外として、以下のケースで都道府県知事の認可を受けることで、医師以外のものが医療法人の理事長となることは可能です（同上）。

(2) （略）理事長が死亡し、又は重度の傷病により理事長の職務を継続することが不可能となった際に、その子女が、医科又は歯科大学（医学部又は歯学部）在学中か、又は卒業後、臨床研修その他の研修を終えるまでの間、医師又は歯科医師でない配偶者等が理事長に就任しようとするような場合には、認可が行われるものであること。

(3) 次に掲げるいずれかに該当する医療法人については、同項ただし書の規定に基づく都道府県知事の認可が行われるものであること。
① 特定医療法人又は社会医療法人
② 地域医療支援病院を経営している医療法人
③ 財団法人日本医療機能評価機構が行う病院機能評価による認定

> を受けた医療機関を経営している医療法人
> (4) (3)に掲げる要件に該当する以外の医療法人については、候補者の経歴、理事会構成（医師又は歯科医師の占める割合が一定以上であることや、親族関係など特殊の関係のある者の占める割合が一定以下であること。）等を総合的に勘案し、適正かつ安定的な法人運営を損なうおそれがないと認められる場合には、都道府県知事の認可が行われるものであること。

出典：前掲・「医療法人制度の改正及び都道府県医療審議会について」より一部抜粋

　この場合、認可の可否に関する審査に際しては、あらかじめ都道府県医療審議会の意見を聴くこととなっています。
　この(4)の基準に関しては、都道府県によって独自で認可基準があると思われますが、参考となるものとして「厚生労働大臣所管医療法人にかかる「医療法人制度の改正及び都道府県医療審議会について」（昭和61年6月26日健政発第410号）通知第一の5の（4）の社会保障審議会医療分科会における取扱いについて」（平成17年5月23日社会保障審議会医療分科会了解事項）があります。

> ① 過去5年間にわたって、医療機関としての運営が適正に行われ、かつ、法人としての経営が安定的に行われている医療法人
> ② 理事長候補者が当該法人の理事に3年以上在籍しており、かつ、過去3年間にわたって、医療機関としての運営が適正に行われ、かつ、法人としての経営が安定的に行われている医療法人
> ③ 医師又は歯科医師の理事が理事全体の3分の2以上であり、親族関係を有する者など特殊の関係がある者の合計が理事全体の3分の1以下である医療法人であって、かつ、過去2年間にわたって、医療機関としての運営が適正に行われていること、及び、法人としての経営が安定的に行われている医療法人
> ④ 医療法第46条の3第1項の改正規定の施行日（昭和61年6月

> 27日）において、すでに設立されていた医療法人については、次に掲げる要件のいずれかに該当する場合
> 　ア　同日において理事長であった者の死亡後に、その理事長の親族で、医師又は歯科医師でない者が理事長に就任しようとする場合
> 　イ　同日において理事長であった者の退任後に、理事のうち、その理事長の親族であって医師又は歯科医師でない者が理事長に就任しようとする場合

出典：「厚生労働大臣所管医療法人にかかる「医療法人制度の改正及び都道府県医療審議会について」（昭和61年6月26日付健政発第410号）通知第一の5の(4)の社会保障審議会医療分科会における取扱いについて」より一部抜粋

　以上のように、後継者の中に一時的に医師がいない場合や、まったく医師資格を持たない者が承継する場合であっても、上記の要件を満たせば、医療法人であれば承継をすることが可能となりますが、個人開設の場合、医師でないものが、その診療所等を開設することはできませんので、非医師が病医院の承継を望む場合は、医療法人化が絶対となるでしょう。

　非医師が理事長になる場合、かつては都道府県で門前払いされるケースもありましたが、平成26年3月に厚生労働省が開いた全国医政関係主管課長会議で、都道府県の担当者に対し、医師や歯科医師でない者が医療法人の理事長になる場合、都道府県で任意の要件を設定して門前払いをするのではなく、しっかりと候補者の経歴・理事会構成等を総合的に勘案し、都道府県医療審議会の意見を聴いたうえで、当該認可について判断するよう、必要に応じて現在の運用の改善を検討することを促すこととなり、平成26年3月5日に医政局指導課長から各都道府県衛生主管部（局）長に向け、「医師又は歯科医師でない者の医療法人の理事長選出に係る認可の取扱い」に関する通知を発出しました。国は、非医師の理事長就任に関して、反対の立場を取っているわけではありません。

3 医療法人と株式会社

図表2-④-2 「医療法人と株式会社」の比較表

基金拠出型医療法人		株式会社	
理 事	3人以上	取締役	1人以上
任 期	2年（再任可）	任 期	基本2年（再任可）
登 記	理事長のみ	役員登記	必 要
理 事 長	理事会で選任	代表取締役	取締役会で選任
要 件	原則医師	要 件	な し
監 事	1人以上	監査役	任 意
出資者	出資概念なし	出資者	株 主
議決権	社員1人1票	議決権	株式数
配 当	禁 止	配 当	任 意
残余財産	国等に帰属	残余財産	株主に帰属
根拠法	医療法	根拠法	会社法

　株式会社の出資者は株主ですが、現行の医療法人では持分自体がないため、出資という概念がありません[8]。

　では、出資持分がある医療法人と出資持分がない医療法人の違いはどこにあるのでしょうか。その大きな違いは、解散時の残余財産の帰属先と社員の退社時の出資持分の払戻請求権があるかどうかです。

　この出資概念がないということで、承継に際して相続税や贈与税が現行の税制では課税されない仕組みとなっており、後継者たる子供などに、資産を相続税や贈与税で目減りさせることなく病医院を承継させるには、医療法人化がおすすめです。

---

[8] 平成19年3月31日設立申請までの旧社団医療法人に関しては出資持分があります。

4 節税による医療法人化

　医療法人の件数は、平成29年3月31日時点で5万3,000件となっており、現在もさらに増えています。とくに、第1次医療法改正（昭和60年12月公布）以降は、いわゆる「一人医師医療法人」の設立が可能となり、設立件数が飛躍的に増加しました。

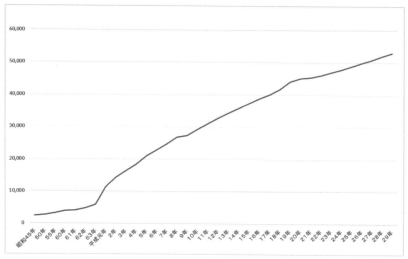

図表2-④-3　医療法人総数

出典：財務省ウェブサイトより

　この要因の1つとして、税理士による節税のための医療法人化があります。

　わが国の個人所得税の最高税率は、かつて70％（課税所得8,000万円超の部分）でしたが、サラリーマン世帯の税負担感の軽減等を目的として、引き下げられてきました。その後、再分配機能の回復を図るため、平成27年分以後については、課税所得4,000万円超の部分について45％の税率が創設されました。

図表2-④-4 個人所得税率

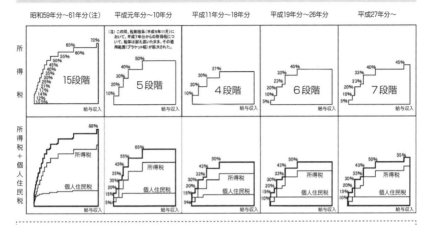

(注1) 昭和62年分の所得税の税率は、10.5、12、16、20、25、30、35、40、45、50、55、60％の12段階。(住民税(63年度)の最高税率は16％、住民税と合わせた最高税率は76％)

(注2) 昭和63年分の所得税の税率は、10、20、30、40、50、60％の6段階。(住民税(元年度)の最高税率は15％、住民税と合わせた最高税率は75％)

出典:財務省ウェブサイトより

　これに対し、法人税の表面税率は、普通法人または人格のない社団等については23.2％(資本金1億円以下の普通法人または人格のない社団等の所得の金額のうち年800万円以下の金額については15％)とされています(平成30年4月1日から平成31年3月31日までの間に開始する事業年度)。法人税の税率は、国の税収の確保を目的として、所得税等の他の税とのバランスを図りながら、そのときどきにおける財政事情や経済情勢等を反映して決定されてきました(図表2-④-5)。

図表2-④-5　法人税率の推移

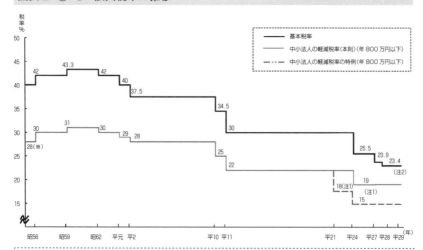

(注1) 中小法人の軽減税率の特例（年800万円以下）について、平成21年4月1日から平成24年3月31日の間に終了する各事業年度は18%、平成24年4月1日前に開始し、かつ、同日以後に終了する事業年度については経過措置として18%、平成24年4月1日から平成31年3月31日の間に開始する各事業年度は15%。
(注2) 基本税率について、平成30年4月1日以後開始する事業年度は23.2%。
(※) 昭和56年4月1日前に終了する事業年度については年700万円以下の所得に適用。

出典：財務省ウェブサイトより

　上記の法人税の税率に住民税等を加味した実効税率は、次の通り20%台となっています（図表2-④-6）。

図表2-④-6　実効税率

	26年度（改革前）	27年度（27年度改正）	28年度（28年度改正）	30年度
法人税率	25.5%	23.9%	23.4%	23.2%
大法人向け法人事業税所得割 ＊　28年度までは、地方法人特別税を含む ＊　年800万円超所得分の標準税率	7.2%	6.0%	3.6%	3.6%
国・地方の法人実効税率	34.62%	32.11%	29.97%	29.74%

出典：財務省ウェブサイトより

　所得税は、所得により段階的に引き上げられる税率ですが、医療法人に課す法人税率は、（軽減税率がありますが）基本的に単一税率です。

　医師の場合、一般的に所得は高額となり、個人の所得税率も高い税率で課税されるため、法人で課税された方が有利になります。「一人医師医療法人」が認められて以降、この税率格差による節税策として、税理士が医師に医療法人化を推奨したという経緯があります。

　このことは、継承を考えるうえでも重要なファクターです。

　税率が低ければ、税金を払った後に自由に使える資金が増加するわけですから、より事業用の資金を貯めておくには有効です。

　医療法人化し、個人よりも低い税率でより多くの事業用資金を貯めておき、その資金を後継者に無税で承継することが可能となるため、そういう意味でも、承継のために医療法人化するのがおすすめです。

（小島浩二郎）

病医院の相続と争族

1 相続税対策と相続（争族）対策

　病医院の理事長や院長先生に「相続対策はしていますか？」とたずねると、相続税の対策に関する回答のみで、実際に相続が生じた際に具体的にどう相続させるかということが疎かになり、争族へ発展すると予想されるケースが多くあります。

　とくに、病医院を一代で築いた先代経営者には生涯現役という考えをもつ先生が多く、自身が亡くなった後の遺産分割のことを身近に考える機会が多くありません。

　たとえば、個人で病医院を経営している場合、院長の個人的な財産のみならず、病医院で使用している敷地や建物、医療器械など院長が亡くなった時点でのすべての財産と債務が相続の対象となります。後継者が病院関連の財産・債務を相続することは、他の相続人の同意を得られやすい傾向ではありますが、他の相続人と相続財産のバランスが著しく不均衡である場合などは揉めるケースがあります。

　医療法人の場合でも、平成19年3月31日以前に設立申請した社団医療法人であれば持分があるため、その出資持分が高額となり、相続財産の大半を医療法人の出資持分が占めます。

　そして、病医院の後継者に高額な出資持分とその相続税納税資金としての現金を相続させ、他の相続人の相続財産が著しく少ない場合は、争族のもとになるのです。

　このように、相続財産の圧縮や納税資金の確保も重要なことですが、さらに一歩進んで、先代経営者が亡くなった後も相続人たちが揉めないよう、どのように財産を相続させるかということを準備す

ることは非常に重要です。

病医院の安定経営には、長男でなくてもよいのですが、病医院の経営権および病医院の財産を、医師資格のある後継者に一子相伝として相続させることが最も有効です。

しかしながら、現行の民法上家督相続制度は採用されていないため、病医院の後継者にすべての病医院財産を相続させるには、他の相続人が納得する相続にする必要があります。

図表2-⑤-1 相続税対策は氷山の一角

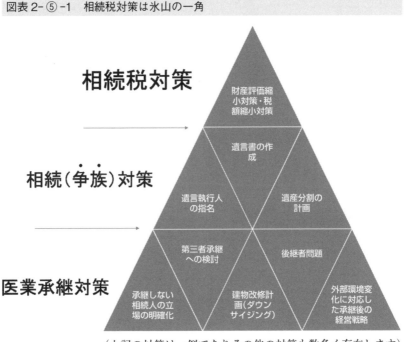

(上記の対策は一例でありその他の対策も数多く存在します)

2 後継者の決定

最近は、病医院のM&Aなども徐々に広まっていますが、マッチングがうまくいくのは都心部が中心であり、地方では親族等の後継者に病医院を相続させる承継方法がまだ一般的といえます。

病医院の後継者の場合、原則的には医師です。後継者不足に悩む病医院もありますが、逆に後継者に複数の医師がいる場合も、どの後継者に病医院の財産や医療法人の持分を相続させるか問題となります。

一般的に、1人の後継者に病医院の財産や医療法人の持分を集中させる方が、後継者同士で揉めることを回避できます。

とくに、医療法人の持分は要注意です。過去にも、医療法人の持分を兄弟に平等に所有させたところ、院長の死後しばらくは仲良く運営をしていたものの、報酬や経営方針を巡っての意見の食い違いや、兄弟の配偶者などの介入により、見事に兄弟喧嘩へと発展してしまい、1人が退社をすることとなり、出資金の払戻しにより多額の資金が医療法人から流出するという事例がありました。

後継者不足で悩むケースだけではなく、このように後継者が複数いた場合もまた、分割方法を慎重に考えなければなりません。

よって、ある程度後継者がみえてきた段階で、早めに家族会議を開き、後継者を決定することが重要です。

3 遺言書の作成

病医院の相続でおこるトラブルの多くは、遺産分割での相続争いに集約されます。先代経営者の死後争族が起こらないように、早めの段階で遺言書の作成を検討することが重要です。

遺言書で院長の意思を書面で遺すことで、争族を回避することも可能です。また、遺言書を作成することによって、後述する遺留分は侵害できないまでも、法定相続分より優先した相続が可能となります。

後継者に病医院の財産や債務、医療法人の持分などを集中して相続させることで争族を未然に防ぎ、病医院の継続的かつ安定した経営も実現できるのです。

以下のケースは、遺言書の作成をとくにおすすめするケースです。

○　再婚をして前妻と後妻との間に子供がいる場合
○　後継者に病医院の敷地等を相続させる場合
○　病医院のための個人借入金がある場合
○　医療法人の出資金評価が高額となる場合
○　後継者が法定相続人でない場合

ただし、遺言書にはいくつかの種類があります。また、正しく作成されない遺言書は遺言の効力を発揮できなくなるため、注意が必要です。

遺言書には、先代経営者である遺言者が自筆で書く「**自筆証書遺言**」、公証人が遺言者の真意を文章にまとめる「**公正証書遺言**」、遺言者が自筆やワープロなどで作成し、署名捺印をしたうえで封じたものを公証人役場に持ち込む「**秘密証書遺言**」の3種類があります。

ア）自筆証書遺言

自筆証書遺言は、一定の財産目録等法定されたものを除き、日付および氏名を自書し、印を押すことで作成する方法で、紙とペンと印鑑さえあれば簡単に作成できる遺言書の作成方法です。

遺言者が字を書ける状態であれば作成することができ、他の方法と比較してもっとも手軽で安価に作成できます。1人で作成できるので、遺言書の内容やその存在を秘密にしておくことも可能です。

ただし、作成方法に1つでも不備があると無効になってしまうリスクがあります。また、隠したまま発見されないと遺言内容が伝わりませんし、自筆証書遺言を発見した人が遺言書を隠蔽や破棄したり、改竄したりする可能性がないともいえません。

また、遺言書の保管者やこれを発見した相続人は、遺言者の死亡を知った後、遅滞なく遺言書を家庭裁判所に提出して、その「検

認」を請求しなければなりません。封印のある遺言書は、家庭裁判所で相続人等の立会いのうえ開封しなければならないことになっています。なお、検認とは、相続人に対し遺言の存在およびその内容を知らせるとともに、遺言書の形状、加除訂正の状態、日付、署名など検認の日現在における遺言書の内容を明確にして、遺言書の偽造・変造を防止するための手続きです。ただし、遺言の有効・無効を判断する手続きではありません。

　自筆証書遺言の場合、自筆証書遺言の保管制度を使えば、遺言書の原本と画像データが法務局で保管され、遺言を書いた者が死亡した後であれば、全国の法務局で遺言書の有無や遺言書の内容を確認できるようになります。

　遺言書の原本の閲覧や画像データの確認の申請が行われると、法務局からすべての相続人に対して遺言書を保管していることが通知されます。ただし、相続人が遺言書の有無を法務局に問い合わせなければ遺言書はみつかりませんので、注意が必要です。

　また、自筆証書遺言は家庭裁判所で検認手続を行う必要がありますが、法務局で保管した自筆証書遺言は検認手続が不要になります。

イ）公正証書遺言

　3種類の遺言の作成方法のうち、もっとも安全で確実な作成方法が、この公正証書遺言です。これは、先代経営者が公証人役場に行くか、病気等で公証人役場に行けない場合など自宅等に公証人を呼んで、相続人等以外の2人の証人立ち会いのもと、公証人に遺言の内容を伝えて作成してもらう遺言です。遺言の原本は公証役場に保存されるため、第三者による改竄等のおそれもありません。

　また、家庭裁判所による検認の必要はなく、相続開始と同時にその遺言の執行が行われます。

　公証人役場に一定の手数料を支払いますが、病医院の承継対策で

遺言書を作成するのであれば、公正証書遺言での作成が最適です。

ウ）秘密証書遺言

この遺言は、民法970条において以下のように定められています。

民法

> 第970条　秘密証書によって遺言をするには、次に掲げる方式に従わなければならない。
> 一　遺言者が、その証書に署名し、印を押すこと。
> 二　遺言者が、その証書を封じ、証書に用いた印章をもってこれに封印すること。
> 三　遺言者が、公証人1人及び証人2人以上の前に封書を提出して、自己の遺言書である旨並びにその筆者の氏名及び住所を申述すること。
> 四　公証人が、その証書を提出した日付及び遺言者の申述を封紙に記載した後、遺言者及び証人とともにこれに署名し、印を押すこと。
> 2　（略）

この方法の最大のメリットは、遺言の内容を秘密にしておくことができるということです。

ただし、病医院の承継を考えるうえでは、相続人等と積極的に話し合い、遺言内容に関しても生前に後継者等に開示しておくことが望ましいでしょう。

また、遺言内容に不備があった場合、遺言書の効果が失われるリスクもあり、家庭裁判所の検認も必要なことから、あまり使われない作成方法です。

図表2-⑤-2 遺言書の種類と特徴

種類	自筆証書遺言	公正証書遺言	秘密証書遺言
費用	なし	公証人役場手数料	公証人役場手数料
家庭裁判所の検認	原則必要※	不要	必要
証人	不要	証人2名以上	公証人1人および証人2名以上
安全性	×	◎	○
内容や作成方法により不備になるケース	あり	なし	あり
原本保管	本人または法務局で保管※	公証人役場	本人
内容の秘匿性	○	×	◎
おすすめ度	○	◎	×

※ 自筆証書遺言は家庭裁判所で検認手続を行う必要がありますが、法務局で保管した自筆証書遺言は検認手続が不要になります。

4 遺留分

先代経営者の妻や子供ではない、全くの他人、たとえば愛人などに「私の全財産を相続させる」と遺言書で遺言したとします。

そんなことをされては、残された妻や子供たちは困ってしまいます。とくに、年老いた妻は相続財産で今後の生活をしていく必要があるでしょう。

そこで、民法には遺留分というものが存在します。遺留分とは、残された兄弟姉妹以外の相続人が財産を相続した相続人に対して一定割合の金銭を請求できる権利をいいます。

ただ、あくまでも権利ですので、その権利を行使するかどうかは遺留分を持つ相続人（遺留分権利者）次第です。

では、具体的にどの程度の割合が遺留分となるのか説明します。

遺留分は、配偶者、子（代襲相続人）、父母（直系尊属）にのみ認められるものであって、兄弟姉妹には遺留分が認められません（民法1028条）。

認められる遺留分の割合は、直系尊属（父母）のみが相続人である場合は、被相続人の財産の3分の1、その他の場合は、被相続人の財産の2分の1となります。

図表2-⑤-3　遺留分の割合

相続人	配偶者	子（合計）	父母	兄弟	遺留分合計
配偶者のみ	1/2	―	―	なし	1/2
子のみ	―	1/2	―	なし	1/2
配偶者と子	1/4	1/4	―	なし	1/2
父母と配偶者	2/6		1/6	なし	1/2
父母のみ	―	―	1/3	なし	1/3
兄弟のみ	なし	なし	なし	なし	なし

具体例

相続人：配偶者1人、子2人

遺産総額：3億円

相続開始前の1年間にした生前贈与額：1億円

借入金：5,000万円

- 遺留分算定基礎財産　3億円＋1億円－5,000万円＝3億5,000万円
- 配偶者と子2人分の遺留分
　3億5,000万円×1／2＝1億7,500万円
- 配偶者の遺留分
　1億7,500万円×1／2（法定相続分割合）＝8,750万円
- 子1人の遺留分
　1億7,500万円×1／4（法定相続分割合）＝4,375万円

「遺留分算定基礎財産」は、被相続人が相続開始時において有していた財産の価額に、生前贈与した財産の価額を加えて、債務を引いたものです（民法1029条）。

　なお、対象となる生前贈与のうち、相続人以外については、原則として相続開始前の1年間のものに限られます。ただし、1年以上前の贈与であっても、当事者双方が遺留分権利者に損害を与えることを知って行った贈与も、遺留分算定の基礎となる財産に加えて計算します。

　また、相続人への贈与については、特別受益として該当するものは、相続開始何年前の贈与であっても、原則として、遺留分の算定の基礎となる財産の対象（最高裁平成10年3月24日判決）となっていましたが、平成30年7月6日成立の改正民法では、死亡前にされた相続人への贈与（特別受益）のうち遺留分額の算定の対象となるものを死亡前10年間にされたものに限定することとなりました。

　これら遺留分を侵害されている相続人は、相続財産を受け取ったもの（受遺者等）に対して、金銭の支払を主張できます。

　先代経営者の遺言が相続人の遺留分を侵害した内容だった場合でも、遺言が無効になることはありませんが、争族トラブルに繋がるため、遺留分のことを考慮にいれて遺言書を作成する必要があります。

　また、生前贈与に関しても同様に、後継者に極端に偏った贈与は争族へと発展する可能性があることも、充分考慮にいれるべきでしょう。

5 代償分割

　個人でも、持分のある医療法人の場合でも、病医院の院長の財産の中で、病医院関係の財産の占める割合は、高くなる傾向にあります。

後継者1人に病医院関係のすべての財産を相続させると、必然的に遺留分以上の財産を相続させるケースが多くなるのです。
　このようなケースでは、他の相続人が分割に納得せず、争族へと発展することがあります。
　そこで、遺産が病院関係の財産だけで他にまとまった資産がない場合、後継者1人が病医院関係のすべての財産を相続するかわりに、他の相続人に現金等を支払うことができます。これを代償分割といいます。
　あらかじめ後継者が現預金などの財産を確保したり、自らが契約した生命保険金の受取人となっておけば、相続によって病医院関係の財産を承継したとしても、手持ちの現預金や生命保険金を他の相続人に支払うことで争族を回避することができるのです。

具体例

病医院の敷地および建物等：3億円

相続人：長男（後継者）、次男、長女

・長男が病医院の敷地および建物等3億円を独占的に相続する。
・その代わり、次男と長女に長男があらかじめ所有していた現金2億円をそれぞれ1億円ずつ支払う。
・結果的に、長男・次男・長女は1億円ずつの財産を取得したことになる。

　この場合は、相続税の総額は変わりませんので、トータルの負担を増やすことなく、争族を回避することができます。

6　信託の活用

　争族回避のために遺言書の作成をすることは、最近では一般化してきました。ただし、現実的には、遺言書だけでは争族回避には不十分なケースが多々あります。
　とくに、相続財産の大部分を占める病医院の不動産の相続をどうするかは、争族対策には不可欠です。その方法として、不動産信託という方法が注目を集めています。
　従来、民法上の所有権では、財産の名義とその財産から得られる経済的利益が一体でしたが、信託法では、名義を受託者に移し、その経済的な利益を受益者に分離することが可能となりました。不動産の遺産分割で争族や共有名義でのトラブル発生を防ぐことが可能です。
　たとえば、財産を所有している先代経営者（委託者）が、その財産を第三者や後継者（受託者）に所有権を移転（相続）して病医院に対して賃貸してもらい、その信託財産から得られる収入を相続人（受益者）に支払ってもらうことが可能です。不動産信託は、不動産の管理を信頼できる第三者に委託（信託）し、相続人達は信託財産から得られる利益のみを受けとれます。
　そうすることで、病医院の不動産は任意に売却されることなく、病医院のために継続的に利用可能ですし、相続人には自由に受益権として配分することが可能です。
　ただし、信託が遺留分を侵害するかどうかの判例は未だ出ていないため、遺留分に留意しながら信託のスキームを考える必要があります。
　信託については、第2章第⑩節（128頁）もご参照ください。

（小島浩二郎）

第6節 医療法人制度の類型

1 概況

　昭和25年の医療法改正で制度が創設された医療法人は、人の集合体である「社団」と財産の集合体「財団」に大別されますが、昭和27年以降「医療法人財団」が新設されることはほとんどなく、現在では医療法人の99％以上が「医療法人社団」となっています。

　さらに、医療法人社団は、平成19年の第5次医療法改正以前に設立され、その後も経過措置として旧医療法の適用を受けている「持分あり社団」と、平成19年以降に設立され、または平成19年以前に設立されてその後に定款変更で持分の定めを削除した「持分なし社団」に大別され、さらに持分なし社団は基金制度を持つものと持たないものに分かれますが、実際にはそのほとんどが「基金制度を持つ持分なし社団」となっています。

　また、財団または持分に関する定めのない社団の中には、より公益性の高い類型として「**特定医療法人**」「**社会医療法人**」が存在し、持分の定めのある社団の中にはいわゆる「**出資額限度法人**」や「**認定医療法人**」が存在します。

　なお、いわゆる「**一人医師医療法人**」には、法律上明確な定義はなく、昭和61年の医療法改正以降設立が認められることとなった医師3人以上が勤務する診療所または病院の開設を目的としていない、小規模な医療法人をさすものと考えられます。

　前掲・図表2-④-1（種類別医療法人数の年次推移、71頁）もご参照ください。

図表2-⑥-1　医療法人の種別（概要）

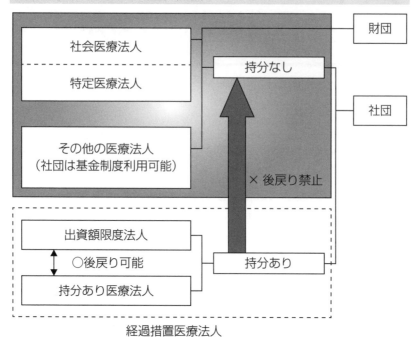

出典：厚生労働省「医療法人制度に係る状況等について」より一部抜粋・改変

以下、医療法人の種別につき、用語ごと個別に解説します。

2 社団と財団

ア）社　団

　複数の人（自然人）が集まり、現金、不動産、医療機器等一定の財産を拠出（平成19年の第5次改正医療法施行以前は「出資」）した団体が都道府県知事の認可を受け、登記されることにより成立する医療法人形態であり、現在では主流となっています。
　社員総会が最高意思決定機関となり、法人内の最高法規としては「定款」で基本的事項を定めることになります。

イ）財　　団

　個人または法人が一定の財産（現金、不動産、医療機器等）を無償で寄付し、医療施設や評議員会等の機関を持つことで都道府県知事の認可を受け、登記されることにより成立する医療法人形態です。評議員会が最高意思決定機関となり、法人内の最高法規としては「寄付行為」で基本的事項を定めることになります。

　医療法人制度創設当初の数年間に設立され、現在も存続する法人はありますが、昭和27年に国税庁が医療法人財団への相続税課税と行政指導を強化して社団への移行を推奨して以降、新たに設立されることはほとんどありません。

持分あり社団と持分なし社団

ア）持分あり社団

　平成19年4月1日の第5次改正医療法施行以前に設立された医療法人社団で、定款規定中に「本社団が解散した場合の残余財産は、払込済出資額に応じて分配する」「社員資格を喪失した者は、その出資額に応じて払戻しを請求することができる」といった規定を持つものは、第5次医療法改正後も経過措置の適用を受けるいわゆる「経過措置型医療法人」として、「当面の間」存続が認められています。

定款例

> 第9条　社員資格を喪失した者は、その出資額に応じて払戻しを請求することができる。
> 第34条　本社団が解散した場合の残余財産は、払込済出資額に応じて分配するものとする。

なお、持分あり社団のうち、社員の退社時または解散時の払戻額を、実際の出資額と同額にとどめる旨の定款規定を持つ法人を、「出資額限度法人」と称します。払い戻す金額が出資した額と同額までに制限されることから、基金拠出型法人と混同されることもありますが、払戻額を出資額の範囲に制限するとはいえ、払戻しをする根拠となる「持分」の存在を前提とした「持分あり社団」であることに違いはありません。また、この形態に定款を変更した法人であっても、再度の定款変更により通常の経過措置型医療法人に後戻りすることは可能です。

定款例

> 第9条　社員資格を喪失した者は、その出資額を限度として払戻しを請求することができる。
> 第34条　本社団が解散した場合の残余財産は、払込済出資額を限度として分配するものとし、当該払込済出資額を控除してなお残余があるときは、社員総会の議決により、○○県知事（厚生労働大臣）の認可を得て、国若しくは地方公共団体又は租税特別措置法（昭和32年法律第26号）第67条の2に定める特定医療法人若しくは医療法（昭和23年法律第205号）第42条の2に定める社会医療法人に当該残余の額を帰属させるものとする。

また、平成19年以前に設立された経過措置型医療法人も持分なし社団に移行することが原則となっていますが、課税上の問題等もあり、実際には移行はほとんど進んでいません。そのため、厚生労働省と財務省との協議の結果、一定の要件を満たしたうえで認定を受けた法人が持分を放棄して持分なし社団に移行した場合には、課税を猶予または免除する制度が設けられており、その認定を受けた法人は「認定医療法人」と通称されています。

本制度の詳細については、第2章第⑦節（99頁）をご参照ください。

イ）持分なし社団

定款規定中に「本社団が解散した場合の残余財産は、払込済出資額に応じて分配する」「社員資格を喪失した者は、その出資額に応じて払戻しを請求することができる」といった規定を持たない医療法人社団の総称です。第5次医療法改正以降、新規に設立可能な医療法人社団はこれのみであり、経過措置型医療法人も持分を持つ社員全員が持分を放棄し、定款変更することでこの形態に移行するのが原則とされていますが、実際の移行作業はなかなか進んでいません。

なお、持分なし社団のなかで、法人の資金調達手段として定款中に基金に関する条項を持つものを「基金拠出型法人」と称します。第5次医療法改正以降に新設される法人の多くは、この方式を採用しています。

定款例

第6条　本社団は、その財政的基盤の維持を図るため、基金を引き受ける者の募集をすることができる。
第7条　本社団は、基金の拠出者に対して、本社団と基金の拠出者との間の合意の定めるところに従い返還義務（金銭以外の財産については、拠出時の当該財産の価額に相当する金銭の返還義務）を負う。
---

4 公益性の高い法人類型

ア）特定医療法人

昭和39年の租税特別措置法改正により創設された制度です。

一定の要件を満たす公的性格の強い医療法人が国税庁長官の承認を受けた場合は、特定医療法人として法人税の軽減税率が適用されます。

創設当初は、昭和41年3月末日までに移行手続を完了した法人に限って非課税で持分のない医療法人に移行できる時限措置でしたが、この措置は延長されたまま通常の税法解釈として定着し、現在に至っています。

主な要件としては、持分の定めのない法人であることを前提に、保険診療割合が8割以上であること、役員中の親族割合が3分の1以下であること、個別の役員報酬が年間で3,600万円を超えないこと等が定められており、定款（寄付行為）も通常の持分なし社団や財団とは別に厚生労働省から示されている定款例（寄付行為例）に準拠していてることが求められます。

イ）社会医療法人

医療法人の非営利性が改正論点となった平成19年施行の第5次医療法改正の際に、「より公益性の高い法人」として公的病院の機能を代替する存在として、廃止となる特別医療法人の後を受けるかたちで制度化されたものです。一定の要件を満たしたうえで都道府県知事に申請し、認定を受けることで、税制上の優遇や収益業務の実施、付帯事業範囲の拡大等が認められます。

要件を満たすものとして都道府県知事の認定を受けた社会医療法人は、収益事業部分につき法人税の軽減税率の適用を受ける他、医療保健業にかかる法人税については非課税となる等の税制上の優遇

を受けることができるのに加え、収益を病院等の経営に充てることを目的に、一定の範囲で収益業務を行うことができます。

特定医療法人と要件が近いことから、公益性の高い医療法人の中には「特定社会医療法人」となっている事例もあります。

ウ）特別医療法人

平成10年施行の第3次医療法改正により、「公益性の高い医療法人」として制度化され、公益性の高い存在として一定の要件を満たし都道府県知事の認可を受けた法人は、一定の収益事業を行うことができることとされました。

特定医療法人と要件が似ていることもあり、特定医療法人として国税庁長官の承認を受けている医療法人が特別医療法人として定款変更の認可を受け、「特定特別医療法人」と称する例もありましたが、税法上のメリットが少ないこともあって、あまり使われることがないまま、平成19年施行の第5次医療法改正の際に廃止され、平成24年3月末日の経過措置終了で消滅しました。

その他の分類

ア）一人医師医療法人

第1次医療法改正時に、医療法39条中「医師又は歯科医師が常時3名以上勤務する診療所〜」の下線部が削除されたことにより設立が可能となった、医師1〜2名の小規模医療施設の経営を目的とする医療法人を指しますが、法律上の明確な定義はなく、医療法人としての権利や義務についても、常時医師3名以上が勤務する医療法人となんら異なるところはありません。

イ）広域医療法人

　医療法人制度創設時は、都道府県をまたがって医療施設等を開設する法人であっても、認可権者は法人事務所所在地の都道府県知事でしたが、第一次医療法改正の際に、これらの法人の認可権者を都道府県知事から厚生大臣（当時。実際は大臣から委任を受けた法人事務所所在地を所管する地方厚生局長）に変更され、いわゆる広域医療法人と称されることとなりました。しかし、認可権者以外は他の法人となんら異なることはなく、平成27年4月1日以降は再び認可権者がその法人の事務所所在地の都道府県知事となり、都道府県をまたがらない医療法人と全く同じ扱いとなっています。

（岸部宏一）

持分なし医療法人への移行

1 持分のある医療法人の課題

　本章第⑥節にて医療法人制度の類型について解説しましたが、医療法人とは、医療法39条の規定により、「病院、医師若しくは歯科医師が常時勤務する診療所、介護老人保健施設又は介護医療院を開設しようとする社団又は財団」と規定されており、その設立の認可をするのが都道府県知事です。

図表2-⑦-1　医療法人制度

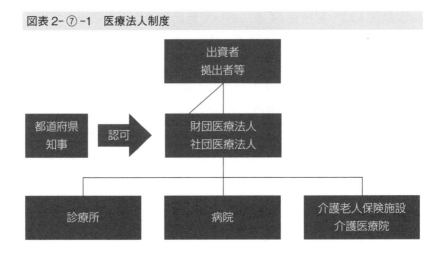

　現行制度では「持分なし医療法人」しか設立はできません。しかしながら、第5次医療法改正前の社団医療法人に関しては、持分あり医療法人が経過措置型医療法人として7割以上残っています。厚生労働省の統計では、平成29年3月31日時点で5万2,625ある社団医療法人のうち4万0,186法人（76.36％）が持分あり医療法人と

なっています。

この「持分」とは「定款の定めるところにより、出資額に応じて払戻しまたは残余財産の分配を受ける権利」（平成26年改正医療法附則）とされています。

持分あり医療法人の課題として、

> ①「社員の出資額に応じた払戻し」が認められ、非営利性の確保に抵触するのではないかとの疑義（営利法人と同様な取扱いとの指摘）
> ②出資者の死亡に伴う相続税負担による医業継続への支障（相続税支払いのために持分の払戻請求が行われる）（国民皆保険で支える資源が医療の継続性に使われないとの指摘）

の2点が挙げられています（厚生労働省「持分の定めのない医療法人への移行認定制度の概要」より）。

医療法人は、医療法54条において剰余金の配当を禁止しています。よって、配当ができる株式会社等とは違い、健全な経営を続け剰余金を積み増していくと、当初の出資額よりも出資持分の価値が増加していくことになります。

当初の出資金が2,000万円だとしても、剰余金が積み増すことで100倍になっていれば、価値は比例して増加し、評価額は20億円にもなります（図表2-⑦-2）。この20億円に対して、直接的には持分の払戻請求権の行使や、間接的には相続税・贈与税の課税がなされます。

最高裁判決（平成22年4月8日）は、定款の「出資額に応じて返還を請求することができる。」との規定は、出資社員は退社時に同時点における法人の財産評価額に、同時点における総出資額中の当該出資社員の出資額が占める割合を乗じて算定される額の返還を請求することができることを規定したものと解するのが相当である、としています。

図表2-⑦-2　持分のある医療法人の出資金の価値が増加するイメージ

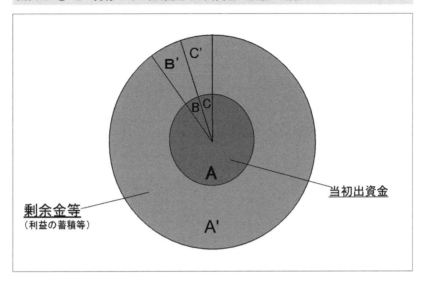

図表2-⑦-3　（例）出資額が100倍になった場合

	設 立 時	現 在
出資者A	2,000万円	20億円
出資者B	100万円	1億円
出資者C	100万円	1億円

 出資額限度法人の有効性

　出資額限度法人とは、持分あり医療法人であって、社員の退社にともなう出資持分の払戻しや、医療法人の解散にともなう残余財産分配の範囲につき、払込出資額を限度とする旨を定款で定めている法人です。

　出資額限度法人であれば、直接的なリスクである払戻請求権等に対し出資額のみを払い戻すため、多額の現金を医療法人が支払う必要はないので、財務安全性が保たれ、安定的な経営を継続的に維持することができます。ただし、間接的なリスクである出資持分の評

第2章　廃業・事業承継に関する基本的な知識

価の問題をクリアしてはいません。

　出資額限度法人の出資金評価として、国税庁は、出資額限度法人に移行しても、その出資の価額は、通常の出資持分の定めのある医療法人の出資と同様に評価する、としています。

　よって、出資限度額法人へと定款を変更して社員の退社にともなう直接的な払戻請求権に備えることができても、その社員が持分をもったまま相続なり贈与が発生した場合は、出資額ではなく出資持分の時価で評価されることになり、多額の相続税等が発生する可能性があるのです。

　また、出資額限度法人の場合、社員が退社することで持分の払戻請求権を行使した際、退社社員には出資額を上限に払い戻せばよいのですが、出資額と実際の払戻額の差額は他の出資者や医療法人の利益として考えられ、みなし贈与税が課税される場合があるため、出資額限度法人への移行は不十分な措置となり、税務上の有効性はありません。

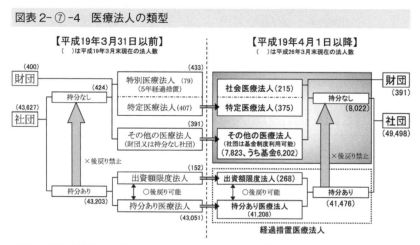

図表2-⑦-4　医療法人の類型

出典：厚生労働省「持分によるリスクと持分なし医療法人の移行事例に関する調査研究報告書」より

3 同族性確保の問題

医療法人の安定的な発展のため、「持分あり医療法人」から「持分なし医療法人」への移行を、厚生労働省も推し進めています。

しかし問題点として、持分あり医療法人から持分なし医療法人に移行する場合、単純に全社員が持分のみを放棄して持分なし医療法人に移行したときに、その評価額相当額が法人の利益とされ、贈与税が課税されることが挙げられます。これをみなし贈与税といいます（相続税法66条4項）。

不動産を所有していない無床診療所など、出資持分の評価額が高額でない医療法人であれば、持分ありのまま相続や贈与により税金を納付して承継するか、出資持分評価の引下げ対策を行ってから、すべての社員に持分を放棄させ、みなし贈与税を納税するかたちで持分なし医療法人に移行し社員を同族で固めつつ、同族経営を継続

図表2-⑦-5　持分の移行イメージ

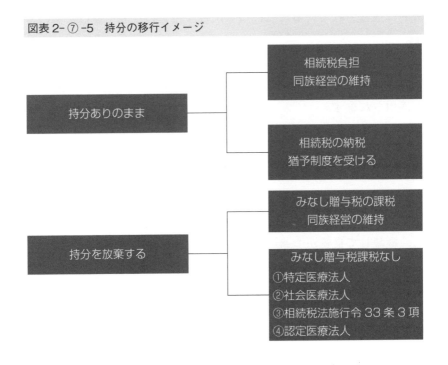

することが可能となります。

しかしながら、出資持分の評価が高額で、払戻しや税金で資金が医療法人から外部流失すると医療法人の経営自体が危機にさらされるような場合、持分なし医療法人へ非課税で移行する方法を検討する必要があります。

持分あり医療法人が持分なし医療法人へ移行する際、相続税法66条4項のみなし贈与税が課税されない方法としては、以下の特別な医療法人ア）・イ）へと移行する方法があります。

ア）特定医療法人

特定医療法人とは、租税特別措置法に基づき、財団または持分の定めのない社団の医療法人であって、その事業が医療の普及および向上、社会福祉への貢献その他公益の増進に著しく寄与し、かつ、公的に運営されていることにつき国税庁長官の承認を受けたものです。

特定医療法人として承認された場合は、法人税において、平成30年4月以降開始事業年度では19％（通常は23.2％）の軽減税率が適用されます。

イ）社会医療法人

社会医療法人は、救急医療やへき地医療、周産期医療など特に地域で必要な医療の提供を担う医療法人を社会医療法人として認定し、継続して良質かつ適切な医療を効率的に提供する体制の確保を図るために創設されました（医療法42条の2）。社会医療法人は一定の収益事業を行うことも可能とされ、病院、診療所および介護老人保健施設、介護医療院から生じる非収益事業および本来業務の医療保健業については法人税を非課税とし、直接救急医療等確保事業

等の業務の用に供する固定資産の不動産取得税、固定資産税および都市計画税についても非課税とされます。このため、社会医療法人では、その公益性が強く求められます。

　これら2つの特別な医療法人は、税制上の優遇はありますが、社員の同族要件として3分の1以下の規制があり、同族経営を維持することはできなくなります。目の前の節税という人参に飛びついた結果、医療法人の経営権をすべて失うということにもなりかねません。同族経営を維持したい医療法人は、安易な節税よりも支配権の確保をよく考え、判断する必要があります。

4　認定医療法人制度

　前述した特定・社会医療法人は、同族性が確保できず認められる基準も厳しいため、限られた医療法人でしかその適用を受けることはできません。

　そこで、厚生労働省は平成26年10月より、個人の相続税や贈与税の納税を猶予する「持分なし医療法人への移行計画の認定制度」（通称「旧認定医療法人制度」）をスタートさせました。ただし、この制度は、同族要件もあり、さらに持分を放棄した際の医療法人へのみなし贈与税の取扱いが従来通りであったため恩恵が少なく、持分なし医療法人への促進対策とはなり得ませんでした。

　そこで、厚生労働省「平成29年度税制改正要望」および政府「税制改正大綱要旨」（平成28年12月22日閣議決定）を受け、平成29年10月から「持分の定めのない医療法人への移行に関する計画の認定制度」（以下、「認定医療法人制度」）の認定を受けた医療法人は、医療法人が放棄により受けた経済的利益についてはみなし贈与税を課税されないことが明記されました。

　この認定医療法人制度は、厚生労働省が現在強く推し進めている制度でもあり、3年間で1,000法人程度の認定が見込まれています。

同制度は、社員の同族要件がないため同族性の確保は可能ですが、いくつかの制約があります。

　たとえば、理事給与に関して「不当に高額なものとならないような支給基準を定めていること」とあることです。一説には、特定医療法人の3,600万円が基準になるともいわれていますが、たとえば理事である副院長が世界的な名医で3,600万円では他の医院に引き抜かれてしまう場合など、さらに給与を上乗せする必要があります。そういうケースも考え、一律に定額で規制をしているわけではありません。ただし、金額の根拠や基準は必要となるでしょう。

　また、見逃せないポイントとして、財産の保有制限が社会医療法人と同じく「遊休財産は事業にかかる費用を超えない」という基準があります。そもそも、出資持分の評価が高額になる医療法人は、現金等の遊休財産が多額になるケースが多いため、認定医療法人の認可を取るためには、遊休財産の要件をどうクリアするかがポイントになるでしょう。

　移行申請されたものの厚生労働省による認定が不可だった場合には、決算で遊休財産の対策を行い、再申請することとなります。

5　相続税法施行令33条3項要件

　認定医療法人制度の認定を受けなくても、みなし贈与税の課税を回避することは、法律上可能です。相続税法施行令33条3項に基づき、以下の基準のすべてに該当する場合には、相続税法66条4項の相続税または贈与税の負担が不当に減少するケースに該当しないため、みなし贈与税は課税されないとあります。

一　運営組織が適正であるとともに、親族等の割合が3分の1以下とする旨の定めがあること。

二　役員等関係者に特別な利益供与をしていないこと。

三　定款等で解散した場合に残余財産の帰属先が国等である旨の定め

> があること。
> 四 法令に違反する事実や帳簿書類に取引の全部または一部を隠蔽等していないこと。

（相続法施行令33条3項を基に作成）

　ただし、この方法は、事前にみなし贈与税が非課税となるお墨付きがないため、自身で判断し、持分なし医療法人に移行することとなります。

　事前の税務署との個別相談でどこまで詰められるかが、非課税で移行する成否の鍵となりますが、筆者が税務署と個別に事前相談したところ、当局が医療法人制度に精通しているわけもなく、国税通則法16条における申告納税制度に則り、「まずは申告をしてください」という返答だったことを付け加えます。

　以上のように、持分なし医療法人へ移行する際には、それぞれの制度に一長一短がありますので、安易な節税策で医療法人の支配権や経営基盤を失わないためにも、ご自身の医療法人にはどの制度が適切かの見極めが重要となるでしょう。

図表2-⑦-6　比較表

法人区分	一般の持分あり医療法人	特定医療法人	社会医療法人	認定医療法人	相続税法施行令33条3項
主な根拠法	医療法39条	租税特別措置法67条の2第1項	医療法42条の2	良質な医療を提供する体制の確立を図るための医療法等の一部を改正する法律	相続税法施行令33条3項
認可等	都道府県知事に認可	国税庁長官の承認	都道府県知事の認定	厚生労働大臣の認定	なし
法人税等の課税対象	全部	全部	収益事業のみ	全部	全部
法人税率（年800万円以下の部分）	23.2%（15%）	19%（15%）	19%（15%）	23.2%（15%）	23.2%（15%）
社員の同族要件	なし	1/3以下※	1/3以下	なし	なし
役員の同族要件	なし	1/3以下	1/3以下	なし	1/3以下
社会診療報酬（公的な健康診査、予防接種、助産、介護保険法の規定に係る収入を含む）の占める割合	なし	全収入の80%を超えること	全収入の80%を超えること	全収入の80%を超えること	全収入の80%を超えること
自費収入の計算	なし	社会保険診療と同一の基準により計算	社会保険診療と同一の基準により計算	社会保険診療と同一の基準により計算	社会保険診療と同一の基準により計算

※　特定医療法人における社員の同族要件は、租税特別措置法および厚生労働省告示等記載はないが、厚生労働省におけるモデル定款の記載には「本社団の社員中、親族等の数は、社員総数の3分の1以下としなければならない」とあり、モデル定款に準拠した記載としている。

理事給与	なし	給与は年間1人当たり3,600万円以下	不当に高額なものとならないような支給基準を明示	不当に高額なものとならないような支給基準を明示		その地位であることのみに基づき給与等を支給しないこと
医業収入と医業費用の割合	なし	医業収入が医業費用の150％以内	医業収入が医業費用の150％以内	医業収入が医業費用の150％以内		医業収入が医業費用の150％以内
財産の保有制限	なし	特段の規定なし	遊休財産は事業にかかる費用をこえないこと	遊休財産は事業にかかる費用をこえないこと		なし
解散時の残余財産の帰属	社員へ帰属	国、地方公共団体または持分のない医療法人へ帰属	国、地方公共団体、または他の社会医療法人へ帰属	認定基準には定めなし持分放棄後は国、地方公共団体または持分のない医療法人へ帰属		国、地方公共団体または持分のない医療法人へ帰属
特別な利益の供与	配当類似行為に該当するものは禁止	法人関係者に対して特別な利益を与えないこと	法人関係者に対して特別な利益を与えないこと	法人関係者に対して特別な利益を与えないこと		法人関係者に対して特別な利益を与えないこと
社会的規模	なし	以下のいずれかの要件を満たすことア）40床以上であることイ）救急告示病院であることウ）救急告示診療所で15床以上であること	救急医療等確保事業にかかる業務を行う病院または診療所について、告示に定められた基準に適合することア）構造設備イ）体制ウ）実績	なし		特定医療法人または社会医療法人の要件を満たすもの

(小島浩二郎)

病医院のM&Aの基礎知識

　病医院のM&Aは、病院と診療所とを問わず、持分あり医療法人、持分なし医療法人、個人開設の病医院、居抜譲渡が対象として大別できます。M&Aの手法としては、出資持分譲渡、事業譲渡、合併、分割があり、採用する手法によって税務上・会計上の取扱いが異なります。

出資持分あり医療法人のM&A

ア）出資持分の譲渡課税と簿外債務リスク

　平成19年施行の第5次医療法改正により、出資持分のある医療法人の新規設立はできなくなりましたが、既存の出資持分のある医療法人については、当分の間存続する旨の経過措置がとられています。出資額限度法人を含むこれら持分あり医療法人を「経過措置型医療法人」といいます。

　出資持分あり医療法人のM&Aでは、売り手が買い手に医療法人の出資持分を譲渡する方法が一般的です。この場合、医療法人が保有する資産および負債、債権債務、許認可、雇用契約、不動産賃貸借契約やリース契約等はそのまま引き継ぐことになります。税金関係は、有価証券の譲渡と同様に譲渡所得として課税されます。出資持分譲渡金額から当初の出資金額を差し引いた譲渡所得に対して分離課税となります。税率は、20.315％（所得税および復興特別所得税15.315％、住民税5％）です。

　譲渡に関する簿外債務リスクの取扱いについて、買い手からみた留意ポイントは、医師・看護師や職員への未払残業代、患者からの

訴訟、診療報酬の返戻、適時調査、個別指導、建物の瑕疵、譲渡後の税務調査で指摘された譲渡前の収益にかかる修正申告にともなう追加費用などです。認識していなかった簿外債務リスクを抱えるおそれがあるので、事前のデューデリジェンスは欠かせません。そのため、売り手は、決算報告書や各種契約書、レセプトの内容など、詳細な資料提供を求められることが通例ですので、事前に必要書類を整理しておく必要があるでしょう。

　また、簿外債務が明らかになった場合、譲渡前に起因する債務は、売り手が責務を負うことが契約書に謳われていることも多々ありますので、譲渡後のトラブルを避けるためにも、契約書の内容は専門家とともに精査しておかなければなりません。

イ）株式会社への医療法人の持分譲渡

　持分の定めのある社団医療法人（経過措置型医療法人）の出資持分の譲渡に関して、明確な規定はありません。したがって、医療法人の出資持分は自由に譲渡できるものと考えられています。このことから、買い手が株式会社の場合でも、株式会社への医療法人の持分譲渡が可能です。

　また、株式会社等が医療法人に対して出資または寄付によって「財産を提供する」行為自体は、医療法においても認められています。なお、株式会社等の営利法人による医療法人の持分買取りが法的に可能であることについては、次のような通達が出されています。

医療法人に対する出資又は寄附について

> 医療法人に対する出資又は寄附について
> （平成３年１月17日）
> （指第１号）
> （東京弁護士会会長あて厚生省健康政策局指導課長回答）
>
> 照会
> １　株式会社、有限会社その他営利法人は、法律上出資持分の定めのある社団医療法人、出資持分の定めのない社団医療法人または財団医療法人のいずれに対しても出資者又は寄附者となり得ますか。
> ２　仮に株式会社、有限会社その他営利法人は上記１の医療法人の出資者又は寄附者となり得るとした場合、医療法人新規設立の場合と既存医療法人に対する追加出資又は追加寄附の場合の２つの場合を含むのでしょうか。
>
> 回答
> 　標記ついて、平成３年１月９日付東照第3617号で照会のあったことについては、下記により回答する。
> 　記
> 　照会事項１については、医療法第７条第４項において「営利を目的として、病院、診療所又は助産所を開設しようとする者に対しては、都道府県知事は開設の許可を与えないことができる。」と規定されており、医療法人が開設する病院、診療所は営利を否定されている。そのため営利を目的とする商法上の会社は、医療法人に出資することにより社員となることはできないものと解する。
> 　すなわち、出資又は寄附によって医療法人に財産を提供する行為は可能であるが、それに伴っての社員としての社員総会における議決権を取得することや役員として医療法人の経営に参画することはできないことになる。
> 　照会事項２については、医療法人新規設立の場合と既存医療法人に対する追加出資又は追加寄附の場合も含むことになる。

出典：平成３年１月17日厚生省指第１号「医療法人に対する出資又は寄附について」より

　ただし医療法人は、医療法７条６項「営利を目的として、病院、診療所又は助産所を開設しようとする者に対しては、第４項の規定にかかわらず、第１項の許可を与えないことができる」、医療法54条「医療法人は、剰余金の配当をしてはならない」により、非営利

性が求められています。

　また、医療法人の出資持分に関して、株式会社が出資持分を取得することは可能ですが、医療法人の社員になることはできません（平成28年3月25日厚労省医政発0325第3号）。社員になれない以上、退社することもないため、株式会社が出資持分を取得したとしても退社にともなう出資持分の払戻請求を行うことができないので、医療法人の解散時における残余財産の分配権しかありません。

2　持分なし医療法人のM＆A

　持分なし医療法人は、持分の概念が存在しないので、持分譲渡はできません。したがって、持分なし医療法人は、たとえば、買い手が新たに医療法人の役員となり資金調達を行い、売り手に退職金を払うといった手法をとることが一般的です。

　その他の手段として、売り手の理事長から医療法人への貸付金があれば、その役員貸付金を買い手が肩代わりして売り手の理事長に支払う、底地を理事長が個人で所有している場合は相場に若干上乗せした金額で買い取る、MS法人の株式を評価より少し上乗せして買い取る、などがあります。また、基金拠出型医療法人の場合、医療法人開設時の基金を返還する権利を有しており、返還されていなければ買い手が肩代わりして売り手に支払う方法もあります。

　持分あり医療法人は、退職金と合わせて持分評価分を譲渡代金として支払うことができるため譲渡しやすい一方で、持分なし医療法人は持分がないため、たとえば解約できない条項を付加したコンサルタント契約を結び、分割して譲渡金を支払う方法をとることもあります。しかし、そのような契約では、買い手がその後資金繰りの悪化などで支払い困難になる場合もあるので、必ずしもおすすめできる方法ではありません。

3　個人開設の病医院のM＆A

　持分もなく退職金も出すことができないので、居抜譲渡の売買に近くなります。患者数や診療報酬などの営業権に価格を設定し、譲渡するのが一般的です。譲渡側の所有物件であれば、市場価格に上乗せして購入する、または賃借料を払っていく方法も考えられます。

　病院の場合注意したいのが、病床設置許可の問題です。個人病院の譲渡となると、売り手が廃止届を出し、買い手が新たに開設許可を出すことになりますが、併せて病床設置許可を申請しなければなりません。しかし、病床過剰地域などでは、病床設置許可が下りないおそれがあります。その点、医療法人化した後に譲渡すれば、病床設置許可申請が必要ありませんので、スムーズに移行できます。

　また、個人開設の病医院の場合、個人の財産なのか病医院の財産なのか、あいまいなものが多いため、仕分けが煩雑になる傾向があります。

4　居抜譲渡

　居抜譲渡とは、前開設者が使用していた内装や医療機器等が残った状態の物件を引き継ぐことです。

　土地や建物と合わせて、内装や医療機器をそのまま物件として賃貸する場合は、不動産賃貸の扱いとなります。

　残っている医療機器等を簿価以上の金額で売却した場合、譲渡所得として総合課税の対象となります。その際、資産の所有期間が5年を超えるものは「長期譲渡所得」となり、所得金額から50万円を差し引いた金額の2分の1が総合課税の対象となります。同様に、資産の所有期間が5年以下のものは「短期譲渡所得」となり、所得全額から50万円を差し引いた金額が総合課税の対象となります。

5　医療法人の合併および分割

　合併とは、2つ以上の医療法人が、法定の手続きにより医療法人相互間の契約によって1つの医療法人となることであり、消滅する医療法人の全資産が存続する医療法人または新設の医療法人に移転するものです。契約に定めがない限り、消滅する医療法人の社員は存続する医療法人、または新設医療法人の社員となります。

　合併には、医療法人のうちの1つが存続し他の医療法人が解散する「吸収合併」と、医療法人の全部が解散し同時に新たな医療法人が設立される「新設合併」の2種類があります。

　医療法人の類型は社団と財団の2種類に大別されますが、従来の合併では、社団医療法人相互間および財団医療法人相互間においてのみ可能とされ、社団医療法人と財団医療法人との間で合併はできませんでした。しかし、平成26年度の医療法改正により、平成26年10月1日から社団医療法人と財団医療法人の合併も認められることになりました。

　図表2-⑧-1において、合併前後における法人類型を整理します。

図表2-⑧-1　医療法人の合併前後における法人類型

合併前の法人類型		合併後の法人類型
持分なし社団	持分なし社団	持分なし社団
持分なし社団	持分あり社団	持分なし社団
持分あり社団	持分あり社団	（合併により新たに法人を設立する場合） 持分なし社団
		（合併前の法人が存続する場合） 持分あり社団
財　団	財　団	財　団
持分なし社団	財　団	持分なし社団または財団
持分あり社団	財　団	持分なし社団または財団

出典：厚生労働省「第3回 医療法人の事業展開等に関する検討会資料「医療法人等の間の連携の推進について」」（平成25年12月4日）より一部修正

　平成27年度の医療法改正により、これまで規定されていた医療法人の合併規定の改正および分割規定が新設されました。医療法6章8節に「合併及び分割」として再編整備され、合併の項目では吸収合併・新設合併、分割の項目において吸収分割・新設分割にそれぞれ体系化されました。平成28年3月25日付「医療法人の合併及び分割について」として、厚生労働省医政局長通知が発出されています。なお、持分あり医療法人、社会医療法人、特定医療法人は分割することができないことに留意しておかなければなりません。

第6　分割の手続

　吸収分割の手続については法第60条から第60条の7まで及び第67条の手続の規定を、新設分割の手続については、法第61条から第61条の6まで及び第67条の手続の規定を遵守すること。

　また、社会医療法人、特定医療法人、持分の定めのある医療法人及び法第42条の3第1項の規定による実施計画の認定を受けた医療法人は、分割制度の対象とすることができないため留意されたいこと。

1 (略)
2 分割の認可の申請（規則第35条の8及び第35条の11関係）
 (1) 吸収分割の認可を受けようとする医療法人は、申請書に次の書類を添付して、都道府県知事に提出しなければならないこと。
  ①〜⑤（略）
  ⑥ 吸収分割前の吸収分割医療法人及び吸収分割承継医療法人の財産目録及び貸借対照表
  ⑦〜⑨（略）
 (2) 新設分割の認可を受けようとする医療法人は、申請書に次の書類を添付して、都道府県知事に提出しなければならないこと。
  ①〜⑤（略）
  ⑥ 新設分割前の新設分割医療法人の財産目録及び貸借対照表
  ⑦〜⑨（略）
  （削除）
3 債権者の保護（法第60条の4、第60条の5及び第61条の3関係）
 (1) 医療法人は、都道府県知事の吸収分割又は新設分割の認可があったときは、その認可の通知のあった日から2週間以内に、分割がその債権者に重大な利害関係があることに鑑み、債権者保護のためにその時点における財産目録及び貸借対照表を作成しなければならないこと。また、当該財産目録及び貸借対照表については、吸収分割又は新設分割に係る登記がされるまでの間、主たる事務所に備え置き、債権者から請求があった場合には、これを閲覧に供しなければならないこと。当該義務違反に対しては、罰則規定（20万円以下の過料。法第76条第9号）があること。閲覧については、書面又は電磁的記録の当該ファイル若しくは磁気ディスクに記録されている事項を紙面又は当該事務所に設置された入出力装置の映像面に表示する方法により行うこと。
 (2)〜(4)（略）

出典：平成28年3月25日厚労省医政発0325第5号「医療法人の合併及び分割について」より

6 医療法人格の譲渡

　医療法人格の譲渡もM＆Aにあたりますが、医療法人格だけを売却するという話に乗ることは避けるべきです。なぜなら、すでに休眠状態の医療法人の場合、決算届や役員変更届を都道府県に提出していない可能性が高く、譲受後に定款変更の認可が受けられないなどトラブルになりやすいからです。休眠していた医療法人でも、適確に届出しており、財務状況が明らかになっていれば、理論的には可能ですし事例もありますが、極めてまれと考えた方がよいでしょう。

　具体的には、休眠医療法人が次のような手続きをしているかを確認する必要があります。

> ○ 会計年度終了後、3か月以内に都道府県に事業報告書を提出しているか
> ○ 会計年度終了後に、資産総額変更登記をしているか
> ○ 2年に一度、役員変更登記をしているか

　都道府県によっては、上記のようなしかるべき手続きをしていない不適切な休眠法人の再開は厳しくチェックされることがあります。その場合、医療法人格を取得後に再稼働させるのは非常に困難であると認識しておく必要があります。

　医療法65条においても、次の通り、医療法人の設立認可の取消しについて記されています。

医療法

> 第65条　都道府県知事は、医療法人が、成立した後又は全ての病院、診療所、介護老人保健施設及び介護医療院を休止若しくは廃止した後1年以内に正当な理由がなく病院、診療所、介護老人保健施設又は介護医療院を開設しないとき、又は再開しないときは、設立の認可を取り消すことができる。

さらに、平成28年度全国医政関係主管課長会議の資料でも、医療法人の設立認可の取消し（休眠医療法人の整理）について、次の通り記載されています。

> 医療法第65条の規定により、医療法人が成立した後又はすべての病院等を休止若しくは廃止した後、正当な理由なく1年以上病院等を開設又は再開しないときは、設立認可を取り消すことができることとなっている。休眠医療法人の整理は、医療法人格の売買等を未然に防止する上で極めて重要であるので、実情に即して、設立認可の取消しについて適切に対応されるようお願いする。

出典：「平成28年度全国医政関係主管課長会議資料」より

　なお、医療法人格の譲渡において、持分あり医療法人の譲渡話を持ち込んでくるブローカーがいます。たしかに、持分あり医療法人は、出資持分払戻請求権と残余財産分配請求権があるのでキャピタルゲインを得ることができますし、持分の評価があるので譲渡しやすい面はあります。一方、持分なし医療法人は、解散後に残余財産がある場合、国や地方自治体等に財産が帰属します。しかし、医療法人に残余財産があるまま解散することは、現実にはあり得ません。まず、経営が安定している医療法人であれば、M＆Aで譲渡しやすいことが挙げられます。また、自主廃業する場合もありますが、そのときは退職金を支払うなどして医療法人に残余財産を残しません。つまり、残余財産があるまま法人解散することはまずありませんし、実際にこれまで残余財産が国や地方公共団体等に帰属した例を筆者はみたことがありません。

　このようなことから、ブローカーの話に安易に乗らないようにすることです。

（池田宣康）

病医院の廃業、医療法人の解散

1 概　説

　一口に病医院の「廃業」といっても、実際にはいろいろな場合が想定されますが、本節では、理由や事由はどうあれ、単純に「病院・診療所の廃止」と捉えることとします。

　なお、先代経営者の引退後に後継者がそのまま診療を継続する場合、開設者＝管理者である個人開設の病医院では、同日または連続する日付での「（前開設者）廃止」「（新開設者）開設」となり、仮に名称や職員をすべて引き継いでいたとしても、相互に全く別の医療機関となります。それに対し、医業の永続性を制度趣旨とする医療法人開設にかかる病医院の場合は、とくに廃止や開設という手続きを経ることなく、同じ医療機関での管理者や役員の交代により継続することになります。

2 個人開設にかかる病医院の廃止・休止

　病医院の廃業の相談を受ける際に最も多い理由が、管理者の死亡または体調不良です。

　体調不良に限らず、管理者の事情により診療をやめる場合は、診療所を廃止した旨を所轄の保健所と地方厚生局に届け出ることとなります。

　ただし、管理者の体調不良で診療を継続することができなかったとしても、それが一時的なものであって再開の予定がある場合は、病医院を「廃止」することなく、「休止」とする手続きが予定されています（医療法8条の2第2項）。なお、ここでの「休止」と

は、あくまで一時的な診療の中断であって、1年以内に再開を予定している場合とされ、正当な事由なくそれを超過する場合は、「廃止」または都道府県知事による閉鎖命令に向かうことになります（医療法29条1項2号）。

なお、個人開設にかかる病医院の管理者が死亡した場合については、その病医院は開設者死亡の瞬間に廃止されたものと扱われ（医療法9条2項）、仮に勤務医等がいたとしてもそこは医療機関ではないため、緊急の場合等を除いて、そこではすべての医療行為を行うことができないことになります。

ただし、後継者がいる場合は、前開設者死亡の日に後継者が次の診療所を開設したものとして、開設後10日以内に診療所開設届を提出し、保険医療機関としても「開設者の変更」として指定申請することで、保険診療を継続できる場合があります。とはいえ、新開設者（後継者）の他院での勤務の状況等によっては、管理者としての要件を充足できるかにつき判断が分かれる場合が考えられますので、所轄保健所と地方厚生局に充分な調整をしながら進める必要があります。

3 個人事業の廃止

個人開設にかかる病医院の廃止により、税法上の個人事業主である開設者は個人事業を廃止することとなり、税法上の手続きとして個人事業の廃業等届出（所轄税務署）、給与支払事務所等の廃止届出（所轄税務署）等が必要となります。

また、廃止した病医院が社会保険の適用事業所となっている場合は健康保険・厚生年金保険適用事業所全喪届（日本年金機構）、雇用保険適用事業所である場合は雇用保険適用事業所廃止届（公共職業安定所）を提出[9]し、労働保険については「確定保険料申告書」

---

[9] 本稿執筆の現在、適用事業所全喪届、適用事業所廃止届等について統一化した届出様式を新たに設ける省令案が出されています。

を所轄の労働基準監督署、都道府県労働局または金融機関に提出し、申告・納付してある概算保険料を清算します。

　これらについては、廃業前後の状況によって手続きの内容やその効果が違ってきますので、必ず税理士と社会保険労務士に相談しながら進めることが肝要です。

4　法人開設にかかる病医院の廃止・休止

　管理者の体調不良等による病医院の休止と廃止については、正当な理由なくして休止の期間が1年を超えた場合、都道府県知事による開設許可取消の対象となる（医療法29条1項2号）こと以外は、個人開設の場合と同様です。

　また、前述のように、「医業の永続性」を制度趣旨とする医療法人開設による病医院の場合は、管理者の交代による診療の継続が制度的に予定されています。管理者の体調不良や死亡等により病医院の管理や診療が継続できない場合は、社員総会の場で後任の管理者を選任し、その者に法人から病医院の管理を委ねることを決議し、前管理者の時と同じ医療機関として病医院を継続させることが可能となります。なお、その際の管理者は、当該医療法人の理事であることが要求されますが、必ずしも理事長である必要はなく、体長不良となった理事長に代わって後継者予定の理事が管理者となり、「理事長」「院長」を別のドクターとすることも可能です。

5　法人の解散

　医療法55条1項が定める医療法人（社団）の解散事由は、次の通りです。

> 一　定款をもつて定めた解散事由の発生
> 二　目的たる業務の成功の不能

三　社員総会の決議
　四　他の医療法人との合併（合併により当該医療法人が消滅する場合に限る(略)）
　五　社員の欠亡
　六　破産手続開始の決定
　七　設立認可の取消し

　上記のうち、実務上主に発生し得るのは一・三・五であり、また二・三の事由による解散については、医療審議会の審議を経たうえで都道府県知事の認可が要件となりますが（医療法55条6項、7項）、一・五の事由による解散の場合は、都道府県知事宛てに医療法人解散届を提出します（医療法55条8項）。

実際の解散手続

　破産・合併等による場合を除き、上記の事由により解散する際の実際の手続きは、次の2通りのいずれかとなります。

ア）認可申請による場合

　社員総会決議により解散を決定した場合は、各都道府県の医療審議会の審議を経て都道府県知事の認可を受ける必要があるため、法人設立時と同様に都道府県の医療法人所管課との事前協議を経て申請することになります。

　都道府県により扱いの差異はありますが、手順の概略は次のようになるのが通例です（図表2-⑨-1）。

図表2-⑨-1 【解散フローチャート】認可申請による場合

解散事由
- 二　目的たる業務の成功の不能
- 三　社員総会の決議（社団のみ）

（申請）
- 解散認可申請（実務上は素案提出、事前審査を経て申請）

（審議）
- 医療審議会に諮問、審議、答申

効力発生
- 解散認可⇒要件充足していれば認可／不認可処分には弁明の機会

登記
- 解散登記（2週間以内／組合等登記令8条）
- 清算人就任登記

届出
- 清算人就任届（清算人の氏名、住所／医療法56条の6）
  ⇒通常は理事（理事長）が就任
- 登記事項届

清算手続
- 現務の結了
- 債権の取立ておよび債務の弁済
- 残余財産の引渡し

公告
- 定款に定めた方法で公告（2か月以内に3回以上）

清算結了
- 清算結了登記（登記簿閉鎖）
- 清算結了届出

解散認可申請書類は次の通りです（東京都の場合）。

- 医療法人解散認可申請書
- 解散理由書（解散するに至った経緯、理由を記載）
- 解散することを決議した社員総会（理事会）の議事録
- 財産目録
- 貸借対照表
- 残余財産の処分方法を記載した書類
- 清算人の住所および氏名を記した書類（理事が就任する場合は不要）
- 登記事項証明書
- 医療法人の概要

イ）解散届による場合

　定款に解散事由として「当社団が開設する診療所のすべてを廃止したとき」等の定めがあり、実際にそれが発生した場合、または社員全員が死亡する等により社員がゼロとなった場合は、都道府県知事の認可を受けることなく解散となりますが、その際の手続きは次のようになるのが通例です（図表2-⑨-2）。

図表2-⑨-2 【解散フローチャート】解散届による場合

解散事由・効力発生
- 一　定款（寄附行為）をもって定めた解散事由の発生
- 五　社員の欠亡（社団のみ）

登記
- 解散登記（2週間以内／組合等登記令8条）
- 清算人就任登記

届出
- 清算人 就任届（清算人の氏名、住所／医療法56条の6）
    ⇒通常は理事（理事長）が就任
- 登記事項届

清算手続
- 現務の結了
- 債権の取立ておよび債務の弁済
- 残余財産の引渡し

公告
- 定款に定めた方法で公告（2か月以内に3回以上）

清算結了
- 清算結了登記（登記簿閉鎖）
- 清算結了届出

解散届の書類は、次の通りです（東京都の場合）。

> ・医療法人解散届
> ・全診療所の廃止等、解散事由に該当することを決議した社員総会（理事会）の議事録（社員の欠亡による解散の場合は不要）
> ・財産目録
> ・貸借対照表
> ・残余財産の処分方法を記載した書類
> ・解散および清算人就任を登記した登記事項証明書

なお、都道府県によっては、「すべての診療所の廃止」等の定款に定める解散事由が発生した場合であっても、その廃止は社員総会の決議による法人の意思決定であることを理由に、社員総会による決議による解散として、解散に際しては都道府県知事の認可を要するものと解している場合があります。

（岸部宏一）

第⑩節 病医院における信託の可能性

1 信託

　信託とは、自分の財産を信頼できる人に託し、決められた目的に沿って指定した受益者のために運用・管理してもらう制度です（図表2-⑩-1）。

図表2-⑩-1　信託

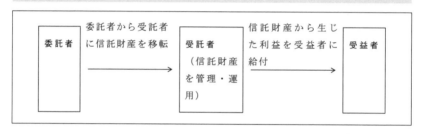

　主に「他益信託」「自益信託」「自己信託」があり、委託者・受託者・受益者がすべて別人格のものを「他益信託」、委託者と受益者が同一人物のものを「自益信託」、委託者と受託者が同一人物のものを「自己信託」といいます。

図表2-⑩-2　他益信託

例　親が委託者となり、信託銀行を受託者として信託財産を移転し、子供を受益者とする。

委託者（親）　→　受託者（信託銀行）　→　受益者（子供）

以下、営利法人の例で解説します。

図表2-⑩-3　自益信託

例　会社経営者Aが委託者となり、一般社団法人を受託者として自社の株式（信託財産）を移転し、会社経営者Aを受益者とする。
　　なお、会社経営者Aが死亡した場合は、後継者である長男を次の受益者（第2受益者）として指定する。

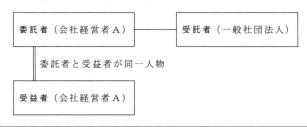

　図表2-⑩-3のような自益信託は、相続人が複数いる場合に有効な方法です。確実に自社の株式を指名した者に移すことができるうえに、第2受益者、第3受益者と受益者を連続して指定することもできます。

図表2-⑩-4　自己信託

例　会社経営者Bが委託者となり、会社経営者Bを受託者として自社の株式（信託財産）を移転し、後継予定者である次男を受益者とする。

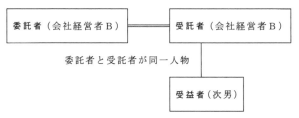

　図表2-⑩-4のような自己信託は、何らかの事情により会社の株式評価額が一時的に低くなっている時に有効な方法です。通

常は、株式を次男に譲ると次男が会社支配権を有することになるので、親（会社経営者B）としては心配な面もありますが、自己信託では受益権は次男に移るものの、自社の株式は受託者である会社経営者Bが管理・運営するので、会社経営者Bは会社支配権を維持することが可能です。

2 信託と遺言の違い

　ここでは、事業承継に限定した信託と遺言の違いについて解説します。
　遺言では、株式の取得者を指名することはできても、株式の議決権を実行する者と配当を受け取る者を分離することはできません。
　そのうえ、遺言は確実に遺言通りに実施されるとは限りません。遺言は被相続人の希望であり、法的な強制力はなく、相続人全員による協議により遺言とは異なる遺産分割も可能です。
　さらに、遺言書の形式等によっては無効とされるものもあり、遺言書に関する裁判は後を絶ちません。
　これに対し信託は、信託の設定行為が適正に行われていれば、財産は委託者固有の財産ではなく信託財産になるので、確実に信託契約の内容にそって管理・運用されることになります。

　また、遺言は2次相続まで指定できません。たとえば、会社経営者Aが自社の株式すべてを長男に相続させると遺言し、遺言通りに相続が行われても、長男が死亡（2次相続が発生）した後は自社の株式を誰が相続するのかわからず、株式が分散されていくことになります。
　株式の分散は会社の議決権の分散を意味しており、スムーズな会社経営ができなくなる可能性、買収される可能性、株式買取請求権を行使される可能性などがあります。
　これに対し信託は、受託者が株式の名義人となり議決権を行使す

るので、第2受益者、第3受益者と受益者が変わったとしても会社の議決権の分散を防ぐことができます。

3 個人開設の病医院の信託

　信託には事業信託という方法もありますが、受託者を第三者に設定する場合は、法令に基づく許認可等は受託者が改めて受ける必要があります。
　そのため個人開設の病医院は、医師または歯科医師でないと、一般的には受託者になれません。
　信託の受託者を法人にすることは可能ですが、株式会社は営利行為を業とする目的で設立される社団法人なので、信託の引き受けも営業となってしまいます。
　金融庁は「反復継続性・収支相償性があると、営業となる」との見解を示しているので、株式会社は信託業法3条および7条の規定により信託業の免許または登録を受けない限り、受託者になれないと考えられます。
　ただし、一般社団法人を受託者として選定することは可能です。特定の信託の引き受けだけを目的に設立される社団法人であれば、反復継続性・収支相償性がないので、営業とはみなされないためです。
　一般社団法人が受託者となった場合でも、信託は受益者等課税信託が原則なので、信託財産に属する資産および負債は受益者が所有するものとみなされ、収益および費用も受益者のものとみなされます。
　つまり、受託者である法人は、実質的に医療機関を運営するための資産を所有していません。
　しかし、医療法41条は「医療法人は、その業務を行うに必要な資産を有しなければならない。」と定めています。
　また、医療法7条6項は「営利を目的として、病院、診療所又は

助産所を開設しようとする者に対しては、第4項の規定にかかわらず、第1項の許可を与えないことができる。」と定めています。

　信託の受益者が営利を目的にしていれば、7条1項の開設許可が取り消される可能性もあります。

　さらに、「医療機関の開設者の確認及び非営利性の確認について」（平4医政総発0330第4号、医政指発第4号、最終改正平成24年3月30日）では「開設者が実質的に医療機関の運営の責任主体たり得ること」を十分確認することや「開設申請者が名義上の開設者で第三者が医療機関の開設・経営を実質的に左右するおそれがあるとの指摘、情報等がある場合には、その指摘等の内容も含め申請書類のみならず実態面の各種事情を十分精査の上判断すること」としています。

　前述した通り、信託財産に属する資産および負債は受益者が所有するものとみなされるので、医療法人は名義上の開設者と判断されるおそれもあることから、医療法人は受託者にはなれないと思われます。

　これに対し、医師または歯科医師であれば診療所の開設・管理者となることができますし、そもそも個人開設の診療所に非営利の原則などもありません。

　以上のことから、診療所であれば、受託者を医師または歯科医師とする事業信託は可能だと思われますが、今までに診療所の事業信託契約を結んだという話を筆者は聞いたことがなく、診療所の事業信託の可能性については現時点で明確な結論を出すことはできません。

　なお、不動産（土地・建物）は信託が可能です。

　たとえば、先代経営者が委託者となり、子供のうち1人を受託者として指定し、信託財産を不動産として、先代経営者の生存中は受益者は先代経営者とし、先代経営者の死亡後の受益者（第2受益者）を子供全員として指定する自益信託などが考えられます。

このような信託であれば、受益者は先代経営者のままなので、後述する第3章第⑤節「親族内承継の事例」で述べる通り、先代経営者が病医院用の不動産を所有していることになり、小規模宅地等の評価減を受けることもできます。

租税特別措置法関係通達69の4-2（信託に関する権利）

> 特例対象宅地等には、個人が相続又は遺贈により取得した信託に関する権利で、当該信託の目的となっている信託財産に属する宅地等が、当該相続の開始の直前において当該相続又は遺贈に係る被相続人又は被相続人と生計を一にしていたその被相続人の親族の措置法第69条の4第1項に規定する事業の用又は居住の用に供されていた宅地等であるものが含まれることに留意する。

（一部抜粋）

このケースでの遺言と信託の違いは、次の通りです。

遺言でも子供に均等に財産を相続させることはできますが、誰が不動産を管理・運用するかを指定することはできません。さらに、2次相続が発生した場合は不動産の共有所有者がどんどん増えるので、売却したり建替えをするのがとても大変になる可能性があります。

これに対し信託は、2次相続があったとしても不動産を管理・運用する受託者は1人なので、共有所有者間の争いを避けることができますし、第2受益者、第3受益者と受益者を連続して指定することもできます。

4 医療法人の信託

　医療法人で信託の対象とすることができる可能性があるのは、経過措置型医療法人の出資持分だと思われます。

　出資持分には、後述する第3章第③節「医療法人の社員の退社と出資持分の払戻し」の通り、「出資持分払戻請求権」と「残余財産分配請求権」の2つの財産権があるからです（165頁）。

　しかし、株式会社の株式と違い、医療法人の出資持分には議決権がありません。医療法人で議決権があるのは社員ですが、社員の地位は金銭的価値で見積もることができないので財産には含まれません。同様に、議決権も財産には含まれません。

　株式会社の株式を信託財産とできるのは、株式には「剰余金の配当を受ける権利」「残余財産の分配を受ける権利」「株主総会における議決権」があるからです。

　議決権単独では財産には含まれませんが、「剰余金の配当を受ける権利」と「残余財産の分配を受ける権利」は金銭的価値があるので、株式は財産となるのです。

　信託法2条で「この法律において「信託財産」とは、受託者に属する財産であって、信託により管理又は処分をすべき一切の財産をいう。」と定められており、財産に含まれない一身上の地位や権利は信託できません。

　医療法人の出資持分には議決権はないので、信託できても医療法人の支配権には一切関係がありません。このため、出資持分を信託しても医療法人の支配権を維持することはできません。

　ただし、「出資持分払戻請求権」と「残余財産分配請求権」を管理することは可能だと思われます。

5 信託の税務

　信託の説明をすると「税的なメリットはあるのか？」とよく質問されますが、税的なメリットは基本的にありません。

　まず、贈与税・相続税ですが、信託の効力が生じたときに委託者以外の者が受益者である場合には、その受益者が委託者から信託の利益を享受する権利を贈与または遺贈により取得したものとみなされます。

　たとえば、**本節1**の他益信託と自己信託は、原則として受益者は委託者以外なので、信託の効力が生じたときに信託財産が贈与または遺贈されたものとして、贈与税または相続税が課されます。

　ただし、**本節1**の自益信託は、委託者と受益者が同一人物なので課税はされず、受益者が第2受益者に変わったときに課税されます。

　次に、収益に対する課税ですが、集団投資信託、退職年金等信託、特定公益信託等は分配時に課税されます。つまり、分配金から所得税が差し引かれます。

　これ以外の信託は受益者等課税信託といい、受益者が信託財産を有するものとみなして課税が行われます。

　受益者が法人の場合はその法人の各事業年度、個人の場合は暦年で、収益および費用をそれぞれ認識することになります。

　また、受益者が個人の場合は、信託財産に応じた所得の区分に応じて所得税が課税されます。たとえば、信託財産が不動産であれば不動産所得になります。

　以上、信託の基本的な税務の扱いについて解説しましたが、信託はその契約によって税務の扱いが変わるので、必ず税理士に相談してください。

（岸部宏一）

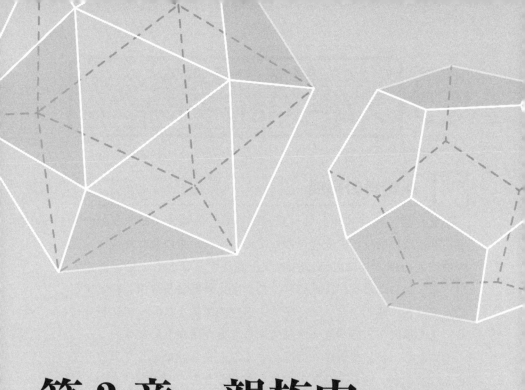

第3章　親族内 （親子間）承継

親族内承継をスムーズに行うポイント

 後継者の育成

　第2章第④節（74頁）でも述べた通り、医療法では非医師の理事長就任に関し反対の立場を取っておらず、一定の要件を満たせば医療法人の理事長に医師以外の者が就任することも十分可能ですが、非医師の理事長が国家資格を持つ多くの職員を雇用し経営をしていくことは難しいケースも多く、親族内承継をスムーズに行うには、まず承継予定の親族が医師であることが望ましいです。

　そのため、親族後継者を医師にすることから始めなくてはなりません。ここが、通常の会社と大きく異なるところです。

　病医院のコンサルテーションを行っていると、財務・税務など法律の話よりも、子供の医学部受験などが打合せの中心となることがあります。それだけ、医学部に入学させることに対して関心が高いということの現れだといえるでしょう。

　そして、私立の場合医学部の学費は高額になるケースが多く、また医学部を受験するための塾も含めた高校までの教育費も高額化し、開業医の収入でも負担になるケースが増えています。こうした背景も、勤務医が開業する要因と考えられます。

　学費だけではありますが、平成28年度の文部科学省の統計では、幼稚園3歳から高等学校第3学年までの15年間について、各学年の学習費総額を単純合計すると、すべて私立に通った場合で約1,770万円となります（図表3-①-1）。

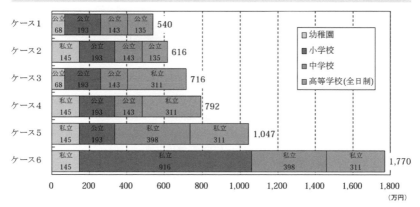

ケース1:すべて公立に通った場合
ケース2:幼稚園のみ私立に通った場合
ケース3:高等学校のみ私立に通った場合
ケース4:幼稚園および高等学校は私立に通った場合
ケース5:小学校のみ公立に通った場合
ケース6:すべて私立に通った場合
(注)金額は,各学年の平成28年度の平均額の単純合計である。
出典:文部科学省「平成28年度子供の学習費調査」より

　医学部の学費でも、私大では授業料と入学金で4,000万円以上かかるケースもあるようです。この他に寄付金も含めれば、相当な額となります(図表3-①-2)。

図表3-①-2　医学部の学費

国立大学（標準額）

入学金	授業料（1年分）
282,000	535,800

（例）私立大学

	大学名	6年間総費用	初年度費用	次年度以降
安	国際医療福祉大学	18,500,000	4,500,000	2,800,000
	順天堂大学	20,800,000	2,900,000	3,580,000
	慶應義塾大学	21,999,600	3,833,350	3,633,250
～		（中　略）		
	埼玉医科大学	37,000,000	8,250,000	5,750,000
	北里大学	38,900,000	9,000,000	約5,980,000
	金沢医科大学	39,500,000	11,000,000	約5,700,000
高	川崎医科大学	45,500,000	10,500,000	7,000,000

出典：文部科学省資料および各学校公式ウェブサイトを基に作成

　医療法人化するときには、ドクターのライフプランを考えて役員報酬の額を決定しますが、都心部ではとくに住宅購入のための資金と子供の教育費に関する資金を確保する必要があり、その支出額が多くなるほど、役員報酬と医療法人の利益とのバランスが大事になってきます。

　このように、後継者の育成には時間と多大なコストがかかります。よって、事前準備をしっかりすることがスムーズな承継への第一歩といえるでしょう。

2　承継するタイミング

　無事に後継者が医師として育ち、本人も病医院を承継するつもりでも、いざ承継となると、どの時点で承継するか決められないケースがあります。

　先代経営者が現役続行をがんばり過ぎてしまい後継者に経営権を移譲しないケースや、後継者が大学病院等に勤務し辞めて承継するタイミングをいつにするか決められないケースなどが考えられま

す。

　医業の承継をスムーズに行うためには、先代経営者が診療を行っているうちに後継者が一緒に診療し患者を引き継いでいくというのが、患者にとっても病医院スタッフにとっても望ましいタイミングといえます。

　次のグラフは、3年間の1日当たりの来院患者数を追跡したグラフで、1日60人程度まで達した開業のケースを4件選別し、診療が途切れることなく承継開業したケースと、その他の新規開業ケース3件との比較です（図表3-①-3）。

図表3-①-3　継承開業と新規開業の当初差額モデル

1日当たり患者数の推移（内科）

	3か月	6か月	9か月	12か月	1年3か月	1年6か月	1年9か月	2年	2年3か月	2年6か月	2年9か月	3年
継承モデル①	42	49	54	57	60	60	60	60	60	60	60	60
新規モデル①	33	39	44	48	51	54	57	60	60	60	60	60
新規モデル②	21	30	36	39	42	45	48	51	54	57	60	60
新規モデル③	12	18	24	28	32	36	40	44	48	52	55	58

出典：税理士法人晴海パートナーズ作成

　当然の結果として、立ち上がり直後は承継開業ケースの患者数が圧倒的に多いのですが、時間の経過とともに新規開業モデルも60名前後に到達しています。

　新規開業モデル①の場合、2年ほどで60名に達し、承継開業と

の差額Ⓐは延べ3,612人の差となりました。1人当たりの平均単価を5,000円と仮定すると、承継開業との差は1,806万円ほどになります。

同様に新規開業モデル②の場合と承継モデル①との差（Ⓐ＋Ⓑ）は延べ人数で8,966人となり4,483万円、新規開業モデル③と承継モデル①との差（Ⓐ＋Ⓑ＋Ⓒ）は延べ1万5,158人となり7,579万円もの差ができました。

当初は知名度のない新規開業と、長年診療している病医院を引き継ぐ承継開業では、これだけ金額的に差が出ます。

診療を一度やめると患者も他の病医院へ流れてしまうため、全員は戻ってきませんし、再度受診しても、立ち上がりに時間がかかると収入に影響を与えます。

やはり、タイミングが合うならば、先代の診療が継続しているうちに後継者が診療を引き継いでいくのが望ましいといえます。

3 個人医院の親族内承継

親族内承継をスムーズに行うために、どんなスキームを構築するのかが重要になっていきます。基本的には、親族内承継を行う場合は、第2章第④節で記載しているように医療法人化がおすすめですが、ケースによっては個人形態のまま病医院を承継することもあります。そこで、本節では個人医院をスムーズに承継する方法に関して説明します。

個人医院の場合、承継方法は3つあります。**生前承継・相続時承継・廃業**の3種類です（図表3-①-4）。

ここで廃業という選択肢をあえて承継方法に入れたのは、常に承継ありきで話を進めないということも大切だと考えるからです。

承継のコンサルタントが介入すると、承継することが目的になってしまい、積極的に承継を推し進めてしまいます。しかしながら、病医院の将来性を冷静に判断し、後継者が病医院を承継せずに廃業

するという選択肢も、広い意味での承継方法であるといえます。

図表3-①-4　個人医院の承継パターン

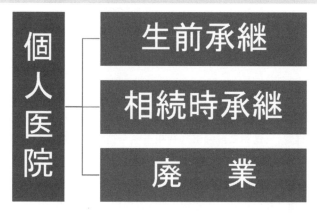

　次に、生前承継とは、先代経営者が存命中に個人医院の開設・管理者を後継者に変更するケースです。この場合、病医院に関する財産・債務をどんなスキームで移転するかで税額が変わってきます。

ア）生前承継・譲渡するケース

　生前承継の場合は、病医院の資産を後継者に譲渡または贈与する必要があります。
　まず、病医院の資産を後継者に譲渡する場合、不動産と医療機器等の動産では、税金の計算方法が異なってきます。不動産の場合は、分離譲渡といい、その不動産の譲渡の所得に税率をかけて税金を計算し完結します。これに対し、医療機器などの動産を譲渡した場合は、所得を求めた後、他の給与などの1年間の所得と合算し税率をかけて税額を計算します。

第3章　親族内（親子間）承継　143

図表3-①-5　不動産の譲渡の税金（分離譲渡）

（令和元年6月現在）

所有期間	税率（住民税含）
5年以下	39.63%
5年超	20.315%

（例）

30年前に購入した土地、建物の譲渡価額が1億4,500万円、土地・建物の取得費（建物は減価償却費相当額を控除した後）が1億円、譲渡費用（手数料など）が500万円の場合
(1)　課税長期譲渡所得金額の計算
　　　1億4,500万円－（1億円＋500万円）＝4,000万円
(2)　税額の計算
　　イ　所得税 4,000万円×15％＝600万円
　　ロ　復興特別所得税 600万円×2.1％＝12万6,000円
　　ハ　住民税 4,000万円×5％＝200万円
　　イ＋ロ＋ハ＝812万6,000円

図表3-①-6　動産の譲渡（総合譲渡）

（令和元年6月現在）

所有期間	課税所得	税率
5年以下	譲渡価格－（取得費＋譲渡費用）－50万円	他の所得と合算
5年超	（譲渡価格－（取得費＋譲渡費用）－50万円）×1/2	他の所得と合算

（例）

　事業所得　2,000万円（青色申告特別控除後）
　各種控除　300万円（基礎控除含）

8年前に購入した簿価700万円のCTを1,000万円で譲渡した場合の税額計算

(1) 課税所得の計算

事業所得　　2,000万円

総合譲渡所得　(1,000－700－50)×1/2＝125万円

合計所得　　2,125万円

各種控除　　300万円

課税所得　　1,825万円

(2) 税額の計算

イ　所得税　1,825万円×40％－279万6,000円＝約450万4,000円

ロ　住民税　1,825万円×10％＝約182万5,000円

（住民税の計算上控除額の違いおよび均等割等は考慮しない）

イ＋ロ＝約632万9,000円

図表3-①-7　(参考) 所得税の速算表

(令和元年6月現在)

課税される所得金額	税率	控除額
195万円以下	5％	0円
195万円を超え　330万円以下	10％	97,500円
330万円を超え　695万円以下	20％	427,500円
695万円を超え　900万円以下	23％	636,000円
900万円を超え　1,800万円以下	33％	1,536,000円
1,800万円を超え　4,000万円以下	40％	2,796,000円
4,000万円超	45％	4,796,000円

イ）生前承継・贈与するケース

譲渡の場合、資産等を渡す代わりに現金等の対価を受け取る必要があります。

後継者に現金等があればよいのですが、ない場合は贈与という方

法があります。

図表3-①-8 贈与税率（特例税率[10]）

（令和元年6月現在）

基礎控除後の課税価格	200万円以下	400万円以下	600万円以下	1,000万円以下	1,500万円以下	3,000万円以下	4,500万円以下	4,500万円超
税率	10%	15%	20%	30%	40%	45%	50%	55%
控除額	-	10万円	30万円	90万円	190万円	265万円	415万円	640万円

（例）

時価3,000万円の資産を贈与

3,000万円－110万円＝2,890万円

贈与税額　2,890万円×45％－265万円＝1,035万5,000円

病医院の名義は、開設管理者の変更の手続きとなり、行政手続が必要となります。

たとえば、

① 病医院の開設管理者を後継者に変更
② 病医院の不動産は引き続き先代経営者が所有し、後継者が適正な賃料を先代経営者に支払う
③ 医療機器等の資産は、後継者に譲渡

など、複合的に承継を行うことが可能なので、その病医院に適した方法で承継スキームを組むことが重要です。

---

[10] 特例税率……直系尊属（祖父母や父母など）から、その年の1月1日において20歳以上の者（子・孫など）への贈与の税率。

ウ）相続時承継

　先代経営者が生前に資産を後継者に移転するのに対して、相続のときに移転するのが相続時承継です。開設管理者および病医院の資産等が先代名義だった場合、開設管理者の変更手続と資産の所有権の移転変更が同時になります。

　病医院の資産や負債は、先代経営者の他の財産等とすべて合算し、相続人が包括的に相続をすることになります。

　相続財産が基礎控除の額（3,000万円＋600万円×法定相続人の数）を上回るときは、相続税の申告と、納税が必要となる場合があります。相続税は、原則的に先代経営者が亡くなった日より10か月後までに申告と納税が必要になります。これらの納税資金を確保しておくことも大変重要になるでしょう。

4　医療法人の親族内承継

　医療法人の承継対策というと、出資持分の評価や認定医療法人等に関心が行きがちですが、ここではそれ以前の根本的な事項につき、後継者に医師がいない場合・いる場合に分けて検討します。

　また、当然ながら病医院の不動産も重要な資産ですが、その不動産を医療法人で所有している場合と先代経営者が個人で所有している場合でも対策が変わってきます。

ア）親族にドクターがいない場合

　第2章第④節でも記載の通り、医療法は医療法人の理事長に非医師が就任すること自体を否定しておらず、法人の経営状態や本人の経歴等の要件から妥当性があれば、医師免許を持たない後継者が認可を受け、理事長に就任することは可能です。ただし、病医院の管理者（院長）は当然医師である必要があり、現実的な問題とし

て、非医師の理事長が国家資格を持つ多くの職員を雇用して経営をしていくには、余程の経営手腕が求められるのが現状です。

　古くからの承継対策として、先代経営者に娘がいれば、医師の「娘婿」を後継者とする方法があります。その場合、持分あり医療法人であれば、最終的に持分を娘にすべて渡すのか、婿にも一部渡すのか、持分なし医療法人であれば社員を誰にするのかなどの検討が必要になります。

　また、親族に医師がいなければ病医院の経営そのものは第三者に譲渡し、親族で所有する不動産を病医院に賃貸することで、継続的に収入を得る方法もあります。

　親族後継者に医師がおらず、また婚姻による後継者確保もできないのであれば、医療法人で病医院不動産を所有せず、個人またはMS法人等に不動産を移すことも早めに検討すべきでしょう。

イ）親族に医師が1人いる場合

　親族、とくに子供に医師が1人いる場合、病医院関係の財産と経営権をすべて1人の後継者に渡すことができれば問題ないですが、他に子供がいる場合は、医師と非医師の間で争族に発展するケースを想定した対策が重要です。その際、持分あり医療法人の場合は出資持分が高額になるケースも多く、誰が出資持分を相続するかで争いになることがあります。対策としては、先代経営者の生前に後継者に持分を移しておくか、または持分なし医療法人への移行等が考えられます。

　また、不動産を先代経営者個人で所有している場合は、病医院で安定して不動産を使用できるようにすることが重要であり、不動産を医療法人の直接所有とするか、または不動産信託のスキームや不動産を他の法人に移す等により、病院経営と分離して不動産を管理する方法もあります。

　家賃収入部分は、非医師または後継者以外の医師が受け取るス

キームを作ることで相続人同士の公平感が得られさえすれば、医療法人そのものは後継者となった医師が独占的に承継することも可能となります。

ウ）親族に医師が複数いる場合

　後継者に複数の医師がいる場合は問題ないようにも思われますが、複数の後継者が医療法人に関与する場合、先代経営者の存命中はまだよいものの、その没後に兄弟間などで揉めるケースが非常に多いようです。

　そこで、複数の後継者が医療法人の理事長や理事となって承継する場合、たとえば病院は長男へ、次男はクリニックなどを立ち上げ別の施設を任せる、といった手法もあります。

　持分あり医療法人の出資持分に関しても、兄弟で平等で分割してしまうと、何らかの理由で片方が退社した後に持分払戻請求をされて、医療法人から多額の現金が失われるおそれもあります。

　このような危機を招かないためには、あらかじめ持分なし医療法人に移行するか、または出資持分は1人だけに承継させるなどの対策が必要になるでしょう。

　また、病医院の不動産も先代経営者が個人で所有している場合、複数の後継者が存在すると不動産の所有割合で揉めることも少なくありません。

　そのため、先代経営者が元気なうちに、医療法人の持分や不動産の所有権、古くからある不動産で未登記のものなどがあるケースは、早めに対応が必要となります。

5　親族内承継をサポートする第三者

　ここまで、親族内承継をスムーズに行うポイントとして医師の資格とタイミングを挙げました。最後は先代経営者と後継者とのコ

ミュニケーションです。

　親世代と子世代では大学医学部で学んだ内容、臨床での経験、取り巻く社会情勢等の環境が大きく異なるので、医療に関しても経営に関しても考え方が異なって当然です。そのため、先代経営者と後継者のコミュニケーションが非常に重要です。

　しかしながら、親しい者同士でお金や経営方針、人事といった承継に関する話を進めていくことは大変難しいケースが多いのが現状です。医師は医療のスペシャリストであり、医業の経営・労務・法務に関する知識に乏しいため、知識不足によるコミュニケーションの欠如が理由である場合があります。また、双方で遠慮をしたりすることも理由として挙げられます。

　そこで、第三者がサポートしながら承継を進めていくことが必要不可欠でしょう。税理士や行政書士、コンサルタントなど資格は問いませんが、承継にともない内装工事や設備投資など多額の投資が関係するケースも多いため、承継の正しい知識を持った第三者が中立的な立場で承継を進めていくことが大切です。

　場合によっては、承継する側とされる側双方に異なる第三者を入れ、それぞれの立場でコミュニケーションをはかりながら承継を進めていくこともあります。後継者の意見を反映した病医院の経営体制を構築しつつ、先代経営者の意見も聞いてその思いを尊重することも、重要な要素だからです。

（小島浩二郎）

相続税対策として生前にできること

1 概況

　相続税対策として生前に検討できるということに、まず感謝しなければなりません。かつては、親族内承継は当たり前だったかもしれませんが、今はかなり大変な状況です。

　一般的に、相続税対策というと、現在の本人の財産債務を把握し、いかに相続財産の評価を下げることができるかが主目的であると思われています。

　しかし、相続財産を減少させるということは、財産を減らすことを意味します。実際に相続財産を減らすために借入金で不動産を購入し、不動産評価減を使って純資産額を減少できても、不動産経営が思うようにいかず、借入金の返済ができずに、破産してしまうという事例もよくあります。

　相続税対策を誤って本来の財産そのものまでも失ってしまっては、本末転倒です。相続税を減らすということを誤って捉えると、本人の財産を減らすことに繋がってしまいます。

　本来の相続税対策は、現在の財産からどれだけ財産を増やし、結果として相続税が増加してもスムーズに相続税が納付できるかが重要です。これが相続税対策の本質ともいえるでしょう。

　それには、本人も相当勉強しなければなりませんが、良き相談相手として専門家も必要不可欠です。短期的なスタンスでなく中長期的なスタンスに立った資産運用、または資産運用より本業である医業経営に対するアドバイザーの存在が重要です。

　私見ですが、病医院経営者であれば、いろいろな資産運用よりも、本業である病医院経営を第一にすることこそが、一番の財産増

加の近道と考えます。

2　相続税対策

　いざ相続税を納付するときになって、納税資金をキャッシュで用意できていないことほど悲惨なことはありません。
　財産が基本的に現金同等物であれば、どんなに相続財産が多くても相続税を支払うことはできます。しかし、現実には、財産の中にはすぐに換金できない不動産や、税務上は財産価値があるものとして評価されていても実際には換金できないもの（代表的なものとして、経過措置型医療法人の出資持分）があり、これらの割合が高いと相続税の納付が大変なことになります。
　場合によっては、金融機関から借入れして相続税を納付しなければならず、相続人である後継者は、一生相続税納税のために働かなければならないということにもなりかねません。

3　医療法人の出資持分対策

　医療法人で相続税対策が必要になるのは、経過措置型医療法人です。
　平成19年4月以降に設立された基金拠出型医療法人に、相続税対策は必要ありません。基金拠出型医療法人も基金が未返還の場合には財産評価しなければなりませんが、基金は約定劣後破産債権（破産手続開始前に、その配当順位が劣後債権よりも劣る旨、破産債権者と破産者との間で合意がなされた債権）なので、評価額は基金拠出額のままであり、出資持分と違い医療法人の資産の多寡で評価額は変わりません。
　このため本項では、経過措置型医療法人の相続税対策について解説します。

ア）持分なし医療法人への移行の検討

　このスキームはあえて非課税要件をクリアせずに、みなし贈与税を支払って持分なし医療法人に移行するものです。

みなし贈与税の計算事例

・医療法人を2人で設立
・設立時の出資額：出資者A 9,000千円、B 1,000千円
・10数年経過後：Aの出資持分相続税評価額90,000千円、Bの出資持分相続税評価額10,000千円

医療法人が受ける経済的利益に対して課税されるみなし贈与税
（基金への振替えをしないで、出資持分のすべてを放棄して持分なし医療法人に移行）

Aが放棄したことにより医療法人が受けた経済的利益分
（90,000千円 − 基礎控除1,100千円）× 55% − 4,000千円 = 44,895千円
Bが放棄したことにより医療法人が受けた経済的利益分
（10,000千円 − 基礎控除1,100千円）× 40% − 1,250千円 = 2,310千円

44,895千円 + 2,310千円 = 47,205千円

※贈与税率は一般贈与財産用を使用

　経過措置型医療法人のままだと、AまたはBの相続時に出資持分が相続財産として評価されてしまいますが、持分なし医療法人に移行してみなし贈与税を医療法人が支払うことで、AまたはBに相続が発生しても出資持分はないため評価されません。
　相続人個人として相続税を支払うか、医療法人がみなし贈与税を支払うのかという違いもありますし、相続税は相続のたび支払うの

に対し、持分なし医療法人に移行する際のみなし贈与税は一度支払うだけで済むという違いもあります。

そして、相続はいつ発生するかわかりませんが、持分なし医療法人への移行はあらかじめ計画して、できる限り出資持分評価額が低いときに実行することが可能です。

イ）持分評価の引下げ

持分あり医療法人の出資持分の評価を下げる対策として、すぐに医療法人の純資産額を下げる対策を考える人もいますが、最初にしなければならないことは、医療法人の出資持分の評価が「類似業種比準価額方式」と「純資産価額方式」のどちらが高く評価されているか把握することです。

第２章第③節「経過措置型医療法人の出資持分の評価」で説明の通り、「従業員数」「総資産価額」「年取引金額」を基に、医療法人の規模に応じて評価方法が変わります。

一般的には、医療法人の設立から年数が経っているほど内部留保額が多額となるため、「純資産価額方式」による評価額の方が高くなり、「類似業種比準価額方式」による評価額の方が低くなる傾向があります。

「類似業種比準価額方式」による評価額を下げるポイントは、対策を実行する事業年度（課税時期）の直前事業年度の利益を極力減らすこと（赤字を出すこと）です。

この際の注意点は、２年（直前期および直前々期）続けて医療法人の利益を赤字にしないことです。**比準要素数１の医療法人**となってしまい、純資産価額の評価割合が高くなってしまうからです。

比準要素数１の医療法人の出資持分の評価

①純資産価額

> ②併用方式：類似業種比準価額×0.25＋純資産価額×(1－0.25)
> 上記①と②いずれか少ない金額

　さらに、「1株当たりの利益金額」と「1株当たりの純資産価額」の判定要素（66頁参照）の金額がどちらもゼロになってしまうと、**比準要素数0（ゼロ）の医療法人**となり、すべて「純資産価額方式」の評価方法となってしまいます。

　具体的に利益を減らす方法としては、役員退職慰労金の支給、医療法人の損金となる大規模修理、含み損のある不動産等の処分、不良資産の整理、損金算入できる生命保険等の活用が考えられます。

　ただし、経営悪化につながる対策は、いくら出資持分の評価を下げることができても、好ましい対策とはいえません。

ウ）持分の分散

　先代経営者が医療法人の出資持分を相当数所有している場合、できる限り生前から時間をかけて、後継者に贈与または譲渡する方法も考えられます。

　相続までに所有する医療法人の出資持分を減少させるのが目的ですが、時間がかかるので、中長期的に計画を立てて進める必要があります。

　その際の注意点は、贈与または譲渡する相手先を病医院に関係ない者にしないことです。たとえ親族だとしても、将来のトラブルに繋がるおそれがあるため、譲る相手は慎重に検討する必要があります。

　そして、一般的に医療法人の出資持分は、年月が経過するほど医療法人の留保額が増加してその評価額が高くなる可能性があるため、できる限り評価額の低いうちに移動することが望ましいです。

事例

- 医療法人を2人で設立。
- 設立時の出資額：出資者 A9,000千円（9,000千口）、B1,000千円（1,000千口）※一口の評価額1円
- 5年経過後の一口の評価額3円
- 10年経過後の一口の評価額10円

贈与税10％の範囲で贈与する場合
- 5年経過時に贈与すると：1,033千口まで（Bは1,000千口まで）できる
  ※ 1,033千口を贈与したときの贈与税
  （1,033千口×3円－基礎控除1,100,000円）×10％＝199,900円
- 10年経過時に贈与すると：310千口までできる
  ※ 310千口を贈与したときの贈与税
  （310千口×10円－基礎控除1,100,000円）×10％＝200,000円

　上記のように、評価額が高くなる前に贈与すれば、贈与できる口数が多くなります。

　さらに、出資持分評価額が低い時期に相続時精算課税制度を適用すると、相続時にどんなに評価額が高くなっていたとしても、贈与時の評価額で相続税評価額として計算できます。

　上記の事例では、5年経過時に相続時精算課税制度を適用していれば、10年経過時に相続が発生しても5年経過時の出資持分評価額で相続税の計算をします。

　ただし、相続時精算課税制度を一度選択したら、暦年課税方式に戻すことはできません。

4 ドクター個人の相続税対策（個人医院の院長含む）

　そもそも相続税は、相続発生時にドクター個人の財産および債務すべてに対して課税される税金です。よって、個人病医院の土地建物、医療機器、医療未収入金、棚卸資産等の財産、さらに事業用の未払金および借入金等の債務も相続税の計算の対象となり、特別にドクターに限られた相続税対策はありません。

ア）養子縁組の活用対策

　相続税の計算上、法定相続人が増えると、基礎控除額が1人当たり600万円増加して、相続税も減少します。
　ただし、孫養子の場合は相続を一代飛ばすことになるので、相続税額は2割加算されます。
　これはあくまでも相続税の計算上の対策であり、実際には養子縁組によるデメリットについても、親族間で十分に話し合うことが大切です。
　なお、相続税対策としてむやみに養子縁組を組むことのないように、相続税の計算上で含められる養子の数が決められています。

> ・実子がいる場合は1人まで
> ・実子がいない場合は2人まで

イ）相続財産の分散化対策

　生前中から計画的にドクター個人の財産を相続人に贈与して、相続財産を分散化することは、有効な対策の1つです。それには、相続財産を分散化しやすいように動産化（現預金化）しておく必要があります。

ドクター個人が所有している不動産を、医療法人またはMS法人に売却することにより売却代金として動産化するか、全く病医院経営上必要がない不動産であれば、第三者に売却することも検討する余地があります。
　不動産をそのまま分散化するには、諸費用（登記費用・登録免許税・取得税等）を負担することになりますが、現預金の分散化は諸費用がかからずにできます。
　贈与税には、特例措置として次のような制度もあるので、分散化と併せて利用を検討すべきです。

特例措置の例

- 夫婦の間で居住用の不動産を贈与したときの配偶者控除
- 直系尊属（祖父母など）から教育資金の一括贈与
- 直系尊属から結婚・子育て資金の一括贈与
- 直系尊属から住宅取得資金等の贈与

ウ）相続財産の評価減対策

　これは、実際の価値と相続税評価額との差に注目する対策です。
　一般的には、換金性が低い資産（たとえば農地・借地権・山林等の不動産・美術品等）を相続財産として保有していることは好ましくありません。
　しかし、逆に現預金等の動産を相当保有しているドクターであれば、現預金等で事業用の不動産を購入または建設することで、相続財産の評価を下げることができます。
　相続税の計算上、居住用または事業用の小規模宅地等の評価減の特例についての活用も検討すべきです。

エ）納税資金等対策として生命保険の活用

生命保険は、相続に活用すると以下の点で便利に活用できる場合があります。

> ⅰ 相続発生後すぐに現金化できる
> ⅱ 相続を放棄しても保険金を受け取ることができる
> ⅲ 納税および遺産分割の両方の資金を捻出できる
> ⅳ 保険金は遺産分割の対象外となる

ⅰ 相続発生後すぐに現金化できる

通常相続が発生すると、金融機関の預貯金はただちに凍結（相続人の預金口座から一切引き下ろしができないこと）され、相続人間の遺産分割協議がまとまらないと引き出すことはできません。しかし、実際には葬儀費用等が発生するため資金が必要です。

被相続人が契約者・被保険者となって加入した生命保険は、受取人が所定の手続きをすれば、早期に保険金として受け取ることが可能です。

なお、医療法人が契約者、理事長が被保険者、受取人が医療法人の生命保険で、理事長が死亡した場合は、新しい理事長を選任しなければ保険金を受け取ることができません。しかし、医療法人の理事長は原則として医師または歯科医師でなければならないので、なかなか新しい理事長を選任することができず、保険金の支払いがずっと保留されるケースが結構あります。

もし、理事長死亡により医療法人を継続せずに清算を考えているのであれば、医療法人を解散して清算人を選任することで、すぐに保険金を受け取ることが可能です。

清算人は原則として理事の中から選任するため、非医師でも問題ないので人選で困ることはないでしょう。

なお、民法（相続法）改正により、令和元年7月1日より相続する預貯金について、病院代・葬儀費用の支払いや、相続人の生活費の不足に対応できるよう、遺産分割の前でも一定額については、相続人の1人が単独で払戻しを受けられるようになります（同一金融機関は上限150万円）（改正民法909条の2）。

ⅱ　相続を放棄しても保険金を受け取ることができる
　一般的に生命保険金は、民法上の相続財産ではありません。諸事情で相続を放棄した場合でも、生命保険金の受取人になっていれば、保険金を受け取ることができます。場合によっては、残された家族の今後の生活資金を確保することが可能です。

ⅲ　納税および遺産分割の両方の資金を捻出できる
　生命保険の最大の特徴は、相続の際、相続税の納税資金や遺産分割資金を捻出できることです。生命保険は、相続時の財産とは別に資金として作り出すことができるので、相続税の納付または遺産分割の問題解決資金として利用できます。

ⅳ　保険金は遺産分割の対象外となる
　一般的に生命保険金は、民法上相続財産ではないので、遺産分割の対象外となります。ただし、相続税法上はみなし相続財産として相続財産に含まれますが、保険金は法定相続人1人につき500万円が相続財産から控除されることも有利な点です。

オ）不動産を使った相続税対策事例

　不動産（小口証券化）を使った評価減対策商品が最近、証券会社等金融商品を取り扱う会社で営業・販売されています。

事例

> ・10億円のマンション1棟を、1,000万円の小口信託受益権100口に分ける。
> ・分割された100口は信託受益権なので、均等に財産が分けられる。
> ・不動産の市場価格と税務上の資産評価額のギャップにより、かなりの評価減となる可能性がある。
> ・当初の出資額に対して安定的な収入の受取りが可能となる。
> ・実績ある管理業者が管理するので手間がかからない。
> ・数年後の売却も可能である（ただし、元金の保証はない）。

　このスキームは、いま現在の状況で考えると相続税上有効な対策だと思われますが、リスクを考慮のうえ検討してください。

（小山秀喜）

第③節 医療法人の社員の退社と出資持分の払戻し

1 概説

　昭和25年の医療法改正により制度が創設された医療法人のうち、昭和61年の第1次医療法改正で医師1名でも設立が認められたことにより急増した「持分の定めのある社団」は、平成18年の第5次医療法改正（平成19年施行）により、新たな設立は認められなくなりました。

　しかし、それ以前に設立された「持分の定めのある社団」（以下「経過措置型医療法人」）は、経過措置として「当分の間」その存続が認められることとなり、現在でも約4万法人と、医療法人総数の約8割を占める存在となっています。家業の性格の強いわが国の民間の病医院にとっては、私人としての財産権を保持しつつ、一定の公共性をもつ法人形態として使い勝手のよい制度でもあり、持分あり社団の持分の移転による医療法人のオーナーシップの移転は、病医院事業の承継の手法として定着しています。

　また、そもそも医療法人制度の趣旨が「医療事業の経営主体が医業の非営利性を損なうことなく法人格を取得する途を開くことにより、①資金の集積を容易にするとともに、②医療機関の経営に永続性を付与し、もって私人による医療機関の経営困難を緩和すること」[11]とされることからも、医療法人という存在自体が親族間・他人間を問わず病医院の承継を想定している制度と考えられます。

---

[11] 厚生省健康政策局指導課（監修）「医療法人制度の解説（改訂版）」（日本法令、1994）8頁。

2　社員の退社

　人の集合体である「社団」の一種である医療法人社団は、その社員の入れ替わりにより法人として永続することで、医業の永続性を担保する存在と考えられます。当然、自然人たる社員は、死亡や本人の意思に基づく退社等により社員資格を喪失する場合があり、その後に後継者である医師等の自然人が社員として入社し、新陳代謝を繰り返すことで法人は存続し、病医院を存続させる主体となります。

　なお、本人の意思による退社に際しては、理事長への届出（定款に定めがある場合は社員総会の承認決議）によりその効力が生じます。

図表3-③-1　厚生労働省の社団医療法人の定款例

社団医療法人の定款例	備　　考
第16条　やむを得ない理由のあるときは、社員はその旨を理事長に届け出て、退社することができる。	退社について社員総会の承認の議決を要することとしても差し支えない。

　なお、社員資格の喪失事由としては、本人の意思による退社のほかに社員総会決議による除名、死亡が考えられます。

3　退社前後の手続き

　社員資格喪失前後の手続きは、図表3-③-2の流れとなります。

図表3-③-2　社員資格喪失前後の手続き

```
退社の意思表示（理事長への届出）　⎫
　↓　　　　　　　　　　　　　　　　　⎬　退社の効力発生
社員総会の承認決議　　　　　　　　　 ⎪
（定款規定ある場合のみ／なければ届出のみ）⎭
　↓
社員名簿の書換え
払戻し（持分ある場合のみ）
　↓
必要に応じて社員の募集、入社手続（社員の人数が極端に少なくなる
等により法人の安定が損なわれる場合）
```

4　払戻額の算定

　出資持分を持つ社員に対して社員資格を喪失した者から請求があった場合、法人は定款規定に従って払戻しをすることになります。

厚生労働省の旧制度（平成18年改正前）の持分の定めのある社団医療法人のモデル定款

> 第9条　社員資格を喪失した者は、その出資額に応じて払戻しを請求することができる。

　ここでいう「出資額に応じて」の解釈についてはさまざまな議論がありますが、医療法人制度の趣旨が「医業の永続性」であることから、法人が経営する病医院の永続を第一に、またそれぞれの計算により生じることになる課税問題も含めて、専門家を交えた当事者間での話合いにより実際の払戻額を決定することになります。

　主な計算例は、次の通りです。

> 原則：社員間の話し合いで決まるが、

イ．時価評価に基づく純資産額から、その持分の割合にて算定する方法（最一小判平22.4.8裁時1505号8頁）
ロ．相続税評価通達に基づいた類似業種比準価額を援用して算出する方法
ハ．相続税評価通達に基づいた純資産評価額をもとに算出する方法
ニ．時価純資産方法で算出し、一定の減額率を乗じて求める方法

　上記算出方法により、残存出資社員への贈与税の課税もしくは当該医療法人への贈与税の課税が生じる場合があるので、実際に即し、課税庁との事前打ち合わせが望まれる。

出典：厚生労働省「出資持分のない医療法人への円滑な移行マニュアル」（平成23年3月）より一部修正

5 出資持分には2つの権利がある

　経過措置型医療法人の定款には、「社員資格を喪失した者は、その払込済出資額に応じて払戻しを請求することができる。」という規定と、「解散のときに存する残余財産は、払込済出資額に応じて分配する。」という規定が入っています。

　つまり、出資持分を所有している者は「出資持分払戻請求権」と「残余財産分配請求権」の2つの権利を持っています。

　このうち出資持分払戻請求権は「できる規定」であり、社員資格を喪失した者は、出資持分払戻請求権を行使するかしないかを任意で選択できます。

　これに対し残余財産分配請求権は「する規定」であり、医療法人が解散して残余財産が確定したときは、必ず分配することになります。

6　社員の選定は慎重に

　出資持分払戻請求は、社員資格を喪失した者でなければできず、出資持分を持っていても医療法人の社員でない者は、解散時の残余財産分配請求権しか権利がありません。

　たとえば、相続税対策として子供全員に出資持分を贈与するとします。このときに、子供全員を社員にしてしまうと、子供全員が医療法人の支配権を持つとともに、出資持分払戻請求権と残余財産分配請求権の2つの権利を持つことになります。

　先代経営者の生存中は問題になるケースはほとんどありませんが、先代経営者が死亡した後で、兄弟・姉妹間で医療法人の支配権と出資持分払戻請求権が大きな問題となることがよくあります。

　このような事態を未然に防ぐためにも、社員は医療法人の経営を引き継ぐ子供だけにすることをおすすめします。社員でなければ医療法人の支配権はありませんし、出資持分払戻請求権もないからです。

　なお、先代経営者の死亡により医療法人の出資持分を相続した者でも、本人が入社を希望し、医療法人の社員総会の承認がない限り社員ではありません。

7　相続の場合の出資持分払戻請求権の行使

　先代経営者から出資持分を相続した場合、出資持分という権利を相続する場合と、出資持分払戻請求権を相続する場合があります。

　一般的には、出資持分という権利を相続する場合が多くなりますが、先代経営者は死亡により社員資格を喪失しているので、出資持分払戻請求権を行使できる権利が発生しています。

　本来、出資持分払戻請求権は「できる規定」なので、社員資格を喪失した者は出資持分払戻請求権を行使する旨を意志表示をしない限り、実際に払戻しを受けられるものではありません。

なお、社員資格を喪失した者とは死亡した先代経営者のことであり、相続人のことではありません。先代経営者は、遺言書などで「私は出資持分の払戻請求をする意思はない」もしくは「私の死後は出資持分払戻請求権を行使する」という趣旨の文章を遺しておくべきでしょう。

しかし、現実にはそのように先代経営者が自らの死後の出資持分払戻請求権について言及することはほとんどなく、相続した子供が出資持分払戻請求権を行使するかどうかを決めており、そのため予想していなかったトラブルが生じることがあります。

トラブルを避けるためにも、相続した子供が出資持分払戻請求権の行使を決める場合は、相続人全員と医療法人の同意を得て、きちんと被相続人の準確定申告でみなし配当として申告するとともに、金銭債権である出資持分払戻請求権として相続税の申告をすべきです。

8 国税不服審判所の事例

国税不服審判所の裁決に、中小企業等協同組合法に基づく事業協同組合の組合員の死亡脱退にかかる脱退組合員持分払戻金について争われた事例があります（裁決番号「平180089」争点番号「202302010」裁決年月日「平成18年11月27日」）。

この事例で、原処分庁（国税）は「本件各組合員の本件払戻金の請求権（以下「本件払戻請求権」という。）は、本件各組合員の出資持分が本件各組合員の死亡によって本件払戻請求権に転化し、いったん本件各組合員に帰属した後に、本件各組合員の遺産として相続人により相続されたものと認められる。」としています。

つまり、払戻請求権は死亡した組合員に帰属した後に、遺産として相続人に相続されたとしており、そのため、払戻請求を受けた金額は、死亡した組合員の準確定申告でみなし配当として申告すべきとしています。

この事例を参考に、医療法人でも同様に扱うべきと考える人もいるようですが、この考え方は間違っています。この事例と医療法人では定款の規定が大きく異なるからです。

　実際、この事例でも「事業協同組合の組合員は、組合法の規定に基づき、死亡によって組合を脱退し、その持分払戻金は、脱退した日の属する事業年度終了の日における組合財産を基に定款の定めるところにより計算され、その事業年度の決算承認を行う通常総会において決定される。」とされています。

　つまり、定款において、死亡による組合脱退の場合は持分払戻金を通常総会において半ば自動的に「決定される」という規定になっているのです。

　これに対し、前述の通り医療法人の持分払戻請求は「できる規定」であり、ここが事業協同組合の定款と決定的に違います。

9　最高裁判所の事例

　最高裁判所の判例に、医療法人の退社した社員はその出資額に応じて返還を請求することができる旨の規定の解釈を争った事例があります（事件番号「平成20（受）1809」裁判年月日「平成22年4月8日」）。

　残念ながら、この判例では、死亡した社員が出資持分払戻請求権を行使したかどうかは全く触れられておらず、相続人が当たり前のごとく出資持分払戻請求権を請求しており、その請求が妥当かどうかだけ争われた裁判です。

　このことは、平成29年3月に最高裁判所で判決が確定した「出資金払戻請求事件」（事件番号「平29（オ）」236号・平29（受）288号）に関する一連の裁判で、「最高裁平成22年判決は、当該事案の医療法人の出資金返還にかかる定款の定めについて、出資した社員は退社時に出資金の返還を請求することができることを規定したものと解したにすぎず、被控訴人の旧定款について、出資持分の

相続を否定し、出資金の払戻しによるほかないと解する根拠となるものではない」(名古屋高裁)、「最高裁判決は、社員であった被相続人の出資持分が払戻請求権に転化したことについて当事者間で争いがないことを前提としたもの」(名古屋地裁豊橋支部)と判断されていることから明らかです。

しかし、この事例で注目すべきポイントは「B分の出資金返還請求権は、Bが死亡した昭和57年10月3日から10年の経過により時効により消滅した。したがって、上告人の請求のうち、B分の出資金返還請求は、理由がない。」とされている点です。

上記は原審(東京高等裁判所)の判断であり、最高裁判所は「B分の出資金返還請求権について消滅時効が援用されて、同請求権が消滅したとしても……」と時効の是非については判断をしていませんが、「消滅時効が援用されて、同請求権が消滅」と時効を否定もしていません。

つまり、この事例により、出資持分払戻請求権の行使を表明しているかどうかに関係なく、社員退社日から10年で出資持分払戻請求権は時効により消滅することが明らかになったといえます。

なお、前述した名古屋の「出資金払戻請求事件」は、相続人である原告が、先代経営者の死亡により、当然に医療法人を退社し、これにより出資持分に応じた出資金払戻請求権が発生したとして、医療法人に対して払戻金の支払いを求めてきましたが、結果は被相続人が準確定申告をしていないこと、相続税の申告において金銭債権ではなく有価証券である特定同族株式として計上していること等を理由に、裁判所は、出資持分そのものの相続を選択したと認め、出資金払戻請求権を有していないと判断しています。

その一方で、厚生労働省「持分によるリスクと持分なし医療法人の移行事例に関する調査研究報告書」(平成27年3月公表。以下「報告書」)においては、「定款中に改正前モデル定款第9条と同趣旨の規定が存在する医療法人において、持分を有する社員が死亡により社員資格を喪失した場合、当該社員のもとで持分払戻請求権が

発生すると同時に相続されると考えますので、結果的には相続人が請求権者となります」「持分（厳密に言うと持分払戻請求権）については、財産価値を有するものとして、相続税の課税財産に含めることとされています」と書かれています。報告書のこれら記載については、「出資金払戻請求事件」により、再検証の必要があると思われます。

　社員が死亡したことで持分払戻請求権が発生することが前提となっているわけではありませんし、相続税の申告においても有価証券である持分として課税財産に含めるか、金銭債権である持分払戻請求権として課税財産に含めるかは、出資持分を相続したか、出資持分払戻請求権を相続したかで異なります。

10 社員退社時の意思表示

　社員の退社に際しては、退社届の提出のみ（定款に規定ある場合は社員総会の承認）でその効力が生じますが、出資持分を持っている社員の場合は、退社の意思とあわせて出資持分払戻請求権の行使の意思についても表示する必要があります。

　もし、社員を退社したときに出資持分払戻請求権を行使しない、または出資持分払戻請求権の行使の意思を表明せずに10年経過した場合は、残余財産分配請求権の権利のみが残ります。

　筆者は「社員退社後に出資持分払戻請求権を行使しない場合は、出資持分は医療法人に対するみなし贈与になるのでは？」と質問をされることがありますが、前述の通り出資持分には「出資持分払戻請求権」と「残余財産分配請求権」の２つの権利がありますので、医療法人に対するみなし贈与にはなりません。

　「社員の退社＝出資持分払戻請求権の行使」ではなく、あくまで出資持分払戻請求権は「できる規定」であり、出資持分を持つ社員の退社に際してはかならず出資持分払戻請求権の行使の意思も表示することが求められます。

11 出資額限度法人の場合

　上記のように、経過措置型医療法人の場合、出資持分払戻請求により多額の支払いが発生することで法人経営を危うくする場合が考えられることから、払戻額に関する定款規定中に、払戻しの金額を実際に払い込んだ額を上限とする旨の条項を設けることで、この危険を回避することができます。

　しかし、出資額限度法人の持分の相続時の評価は出資額を限度とした額ではなく、いわゆる相続税評価通達にしたがった額となります。また、実際に退社した者に出資額を限度として払い戻したときは、割合で評価した場合との差額につき他の出資者または医療法人への課税が生じる場合があり、出資額限度法人に移行する医療法人はほとんどありません。ちなみに平成31年3月31日時点で、経過措置型医療法人は3万9,263法人ありますが、このうち出資額限度法人は283法人しかありません。

（岸部宏一）

1　概　説

　わが国の医療提供体制の特徴の1つに、民間の医療機関の割合が高いことが挙げられます。公的医療機関と違って「家業」の色彩の強い民間の医療機関での世代交代は、事業承継（医業承継）と称されますが、本節では、親族内の後継者が事業を承継する親族内承継に際しての諸手続きおよびそのスケジュールにつき解説します。

　医療機関の経営を「家業」として考えると、親族内の財産その他の問題が絡んでくることは避けられません。しかし、そのために後継者が誰であるかを明確にしないまま、なんとなく進めてしまったがゆえ、後になって法律上や財産上の大きな問題を抱えてしまう例も少なくありません。

　まずもって重要なのは、後継者すなわち、個人開設であれば病医院の開設者兼管理者、医療法人であれば理事長が誰になるのかを当事者間で明確にし、事業主体の問題と親族内の問題を「分けて考える」ことです。また、その際には、病医院の承継に関する意思決定にかかわる資格のない人を排除したうえで、まずは後継者が病医院を承継することの有無や可否も含めて結論を出し、その後に親族内での財産の承継問題を議論する、という手順をおすすめします。

2　個人開設の場合

ア）基本的考え方

　ドクター個人が開設している病医院の承継は、仮に同じ名称での

親子間承継といえども「前開設者の廃止」「新開設者の開設」が連続するのみであって、外見上の変化はなくとも、承継の前後ではあくまで別の医療機関であることが前提となります。

仮に、病医院の建物設備、名称、職員、リース中の機器等をすべて引き継ぎ、在庫している医薬品等をそのまま使用するとしても、承継前の病医院で発生したすべての権利および義務は承継後も旧開設者に留まり、新開設者は承継後の病医院について発生する権利および義務のみを負うのが原則です。

イ）必要となる手続き

Ⓐ　医療機関として

前開設者の病医院廃止と新開設者の病医院開設を同日または連続する日付で行い、保険医療機関として連続させることで診療を継続させる、という手法が一般的です。無床診療所の承継の場合、医療機関としての主要な公法上の手続きは図表3-④-1の通りです。

図表3-④-1　個人開設診療所承継時の医療機関としての手続き

前開設（管理）者	新開設（管理）者	ポイント／考え方
診療所廃止届 （保健所）	診療所開設届 （保健所）	かならず同一または連続する日付で
保険医療機関廃止届 （地方厚生局）	保険医療機関指定申請 （地方厚生局）	毎月の締切日までに、申請月の初日に「遡及」しての指定を申請
レントゲン装置廃止届 （保健所）	レントゲン装置備付届 （保健所）	直近6か月以内の線量測定報告書添付
麻薬譲渡届 （都道府県）	麻薬施用者免許申請 （都道府県）	新開設者が麻薬施用者免許を受け、前開設者から在庫麻薬の譲渡を受けて施用する場合

診療所開設届は、仮に開設者・管理者以外は前開設者のときと全く同じ内容だったとしても、近年の法改正や条例、保健所の取扱い内規の変更等により、新たな届出としては受け付けられない場合があります。名称、診療科目、病医院の構造等を中心に、現行基準に照らして受付可能なものであるか、かならず事前に所轄保健所と十分な協議をしておくことが重要です。

　保険医療機関指定申請に際しては、地方厚生局都道府県事務所ごとに設定・公表されている、毎月の医療協議会開催日程を基にした指定申請の締切日までに、かならず新開設者の開設日に遡って指定を受けたい旨を明示して申請します。その際には、前開設者のもとで新開設者が、または新開設者のもとで旧開設者が勤務医として、一定期間引継ぎの意味で診療を行う「並走期間」を設けることが要件とされる場合がありますので、事前に地方厚生局都道府県事務所と調整することが重要です。

　なお、新開設者が新たな保険医療機関指定を受けるまでの間は、医療機関コードが不明のままで保険診療をすることになります。その間、処方箋は医療機関コードを空欄で発行し、調剤薬局には新コードが付与されて以降に通知する、審査支払機関へも医療機関コードは後日連絡することとして暫定で医療機関届を提出する等、各機関との事前の調整が必要になります。

　また、病院または有床診療所であって、承継後も新開設者が入院設備を持った病医院として存続させる場合には、新開設者が新たに都道府県知事より病床配分を受けることが原則となります。ただし、親子間承継であって承継の前後で病床の種別や数が同一である等いくつかの要件を満たした場合に限り、自動的に病床を配分するものとしている都道府県も少なくありませんので、事前に都道府県に照会しておくことが重要です。

Ⓑ　事業所として
　医療機関であっても、税法、労働法、また民法上の諸契約上で

は1つの事業所であることに違いはありません。当然、前開設者の事業所は廃止、新開設者の事業の開始としてすべての手続きを行うことになります。主なものは次の通りです。

税務署への提出書類【前開設者の廃止手続】

「個人事業の開業・廃業等届出書」
　所得税法229条に基づき「個人事業の開業・廃業等届出書」を作成し、所轄の税務署に提出する義務があります。届出書の提出期限は廃業後1か月以内（期限当日が土日祝日にあたる場合はその翌日）となります。

「所得税の青色申告の取りやめ届出書」
　事業を廃止し青色申告を取りやめる場合、所得税法151条に基づき青色申告を取りやめようとしている年の翌年3月15日までに提出します。

「所得税及び復興特別所得税の予定納税額の減額申請手続」
　予定納税の義務のある者が、廃業、休業または業況不振等により、①その年6月30日の現況による申告納税見積額が予定納税額の計算の基礎となった予定納税基準額に満たないと見込まれる場合、②その年10月31日の現況による申告納税見積額が既に受けている減額の承認にかかる申告納税見積額に満たないと見込まれる場合、において予定納税額の減額を求める手続きです。

　　・第1期分および第2期分の減額申請については、その年の7月1日から7月15日までに提出
　　・第2期分のみの減額申請については、その年の11月1日から11月15日までに提出

消費税の「事業廃止届出書」
　消費税の課税事業者が事業を廃止した場合の手続きで、事業を廃止した消費税の課税事業者は速やかに提出します。
　なお、消費税の課税事業者になるかどうかは納税義務者ごとに判定しますので、仮に2年前の先代経営者の課税売上が1,000万円超であっても後継者には関係なく、患者はそのまま引き継いで開設初年度から多くの課税売上があったしても免税事業所となれます。ただし、こうした承継開業の免税に関しては会計検査院も問題提起しており、今後改正もあり得ますのでご注意ください。

「給与支払事務所等の開設・移転・廃止の届出」
　所得税法230条、所得税法施行規則99条に基づき、給与の支払者が国内において給与等の支払事務を取り扱う事務所等を開設、移転または廃止した場合に、その旨を所轄税務署長に対して届け出る手続きです。開設、移転または廃止の事実があった日から1か月以内に提出します。

税務署への提出書類【新開設者の開始手続】

「個人事業の開業・廃業等届出書」
　前開設者と同様です。

「所得税の青色申告承認申請書」
　青色申告の承認を受けようとする場合の手続きで、青色申告書による申告をしようとする年の3月15日まで（その年の1月16日以後、新たに事業を開始した場合には、その事業開始等の日から2月以内）に提出します。
　ただし、青色申告の承認を受けていた被相続人の事業を相続により承継した場合は、相続開始を知った日（死亡の日）の時期に応じて、

それぞれ次の期間内に提出することになります。

> ・その死亡の日がその年の1月1日から8月31日までの場合
> 　……死亡の日から4か月以内
> ・その死亡の日がその年の9月1日から10月31日までの場合
> 　……その年の12月31日まで
> ・その死亡の日がその年の11月1日から12月31日までの場合
> 　……その年の翌年の2月15日まで

「給与支払事務所等の開設・移転・廃止の届出」
　前開設者と同様です。

「源泉所得税の納期の特例の承認に関する申請」
　源泉所得税の納期の特例の承認に関する申請を行うための手続きです。
　源泉所得税は、原則として徴収した日の翌月10日が納期限となっていますが、この申請は、給与の支給人員が常時10人未満である源泉徴収義務者が、給与や退職手当、税理士等の報酬・料金について源泉徴収をした所得税および復興特別所得税について、次のように年2回にまとめて納付できるという特例制度を受けるために行う手続きです。

> 1月から6月までに支払った所得から源泉徴収をした所得税および復興特別所得税
> 　　→　7月10日納期限
> 7月から12月までに支払った所得から源泉徴収をした所得税および復興特別所得税
> 　　→　翌年1月20日納期限

「消費税課税事業者選択届出手続」

　消費税の免税事業者が課税事業者になることを選択する場合の手続きです。

　前述の通り、開設初年度は通常、消費税は免税となります。ただし、自費診療がメインで承継にともなう設備投資が多額にあるなど、初年度から課税事業者になった方が消費税の還付で得な場合があります。ただし、課税事業者を選択すると、2年間は課税事業者を選択しなければならず簡易課税制度も選択できないという縛りがあります。さらに、課税事業者を選択した2年の期間中に税抜100万円以上の固定資産などを取得した場合には、購入した課税期間の初日から3年間は課税事業者として拘束されることになるため、還付の年だけの損得だけでなく、複数年にわたるシミュレーションが必要となります。

「所得税の減価償却資産の償却方法の届出手続」

　減価償却の償却方法の届出をする場合の手続きです。手続対象者となった日の属する年分の確定申告期限までに提出します。なお、提出しない場合は、法定償却方法（定額法）により償却することになります。

「所得税の棚卸資産の評価方法の届出手続」

　棚卸資産の評価方法の届出をする場合の手続きで、手続対象者となった日の属する年分の確定申告期限までに提出します。なお、提出しない場合は、法定評価方法（最終仕入原価法）により評価することになります。

社会保険、労働法に関連する手続き

　職員を置く事業所として、新旧開設者がそれぞれ図表3-④-2の手続きをとる必要があります。また、雇用する職員の年齢や性別等、または障害者雇用の有無等により個別に必要なものも発生することが

ありますので、専門職を交えて事前に確認することをおすすめします。

図表3-④-2 職員を雇用する事業所としての承継時の手続き

前開設（管理）者	新開設（管理）者	ポイント／考え方
雇用を引き継がない職員のみ、雇用契約解除（解雇）の手続き	雇用契約の引継手続として、改めて雇用契約書または雇用条件通知書を作成、交付	続けて勤務する職員の勤続年数の計算（通算の有無）、退職金支払の有無等につき明確にする
（新開設者の側で手続き）	労働保険名称・所在地等変更届（労働基準監督署／10日以内）	本来は前開設者の側で確定保険料申告書を提出して事業廃止とし、新開設者の側で保険関係成立届の手続きとなるが、親子間承継等の場合、事業主の変更として事業所継続の扱い
（新開設者の側で手続き）	雇用保険事業主事業所各種変更届・雇用保険適用事業所設置届（ハローワーク／10日以内）	本来は前開設者の側で資格喪失、新開設者の側で資格取得の手続きとなるが、親子間承継等の場合、事業主の変更として事業所継続の扱い
（新開設者の側で手続き）	健康保険・厚生年金保険適用事業所変更届	前開設者が社会保険の適用事業所であり、職員の雇用条件を維持しながら継続雇用する場合、事業主の変更とし、適用事業所としては継続

　上記以外の主な諸契約等私法上の手続きは、図表3-④-3の通りです。

図表3-④-3　諸契約等私法上の手続き

前開設（管理）者	新開設（管理）者	ポイント／考え方
在庫医薬品等廃止日現在での棚卸	開設日に引渡しを受ける	親子間であってもかならず契約書、リスト、引渡しの記録を作る。譲渡価額は簿価と同額にしないと譲渡所得が発生することに注意。
医療機器、備品等廃止日の簿価で譲渡		
医療機器等リース契約解約	新たなリース契約締結	リース会社の承諾を得て「契約者変更」する簡易な手続きの場合もある。
【建物所有の場合】賃貸借、使用貸借、売却等により後継者に使用権限を付与	先代経営者からの買取り、賃貸借または使用貸借で開設	有償・無償を問わず、かならず契約書を作成し、条件を明示。
【建物賃貸の場合】貸主に借主の地位承継承諾依頼	先代経営者より賃貸借契約の借主地位を承継で開設	先代経営者の賃貸借契約書を活かしての覚書等、または新たな賃貸借契約。保証金の取扱いを明確に。
【借入残ある場合】後継者に資産売却して清算	新たな借入れにより資産買取	金融機関との相談により、簡易な手続きに応じて貰える場合もある。
【諸契約】相手先に契約者変更手続依頼	先代経営者からの契約上の地位承継、または新たな基本契約を締結	医薬品等仕入れ、臨床検査等の継続的契約。すべての契約は一旦解除が原則となるため、相手先を見直して再見積りも可能。

　以上のように、1つの病医院の事業承継であっても、それぞれの法律とそれぞれの所管庁や相手方によって全く違う事象として扱う場合があり、また行政機関は相互に一切連携しない「縦割り行政」であるため、所管庁や相手先ごとに正確な知識を持って手続きすることが要求されます。可能な限り、所管ごとの法律実務を専門とする税理士、社会保険労務士、行政書士等の専門職に依頼することをおすすめします。

3 法人開設の場合

ア）基本的考え方

　個人開設の病医院の承継が「前開設者の病医院の廃止」「新開設者の病医院の開設」であって、承継の前後では全く別の医療機関であるのに対し、法人開設の病医院の場合は、病医院およびその開設者である法人の同一性を保ったまま、法人の社員、役員、病医院の管理者等が交代することで事業を承継していくことになります。

　資産や各種契約についても同様で、資産や各種契約の主体である法人と、その法人が開設する病医院が存続していることを前提に、承継側・被承継側の間でその法人に対する権利が移動する、法人の側からするとその法人の構成員が交代していくことになります。

　このことは、そもそも医療法人制度が「医業の永続性」を制度趣旨としていることから、当然の帰結であるとも考えられます。

イ）必要となる手続き

Ⓐ　法人として

　経営権の承継にあたっては、法人の唯一の代表者である理事長の変更、その理事長を選任する機関である理事会を構成する理事、そしてその理事を選任する権限を持つ社員の変更手続となります。これらの手続きを一度に行うか、数年の移行期間を経て行うかについては、周囲との関係や現理事長と後継者との関係等により、ケースバイケースで選択することになります。

　社員の入社および退社に際しては特段の届出は必要なく、定款規定に基づき法人内での手続きを踏むのみとなります。一般的な定款規定を前提とすると、図表3-④-4の手順となります。

図表3-④-4　法人開設の手続き（社員）

被承継者（先代経営者）側	承継者（後継者）側
退社を希望する現社員が、理事長に退社を届出（通常はここで退社の効力発生／経過措置型法人の場合は払戻請求権発生）	入社を希望する後継者側の自然人が、理事長に入社を申込み（出資または基金拠出は任意）
理事長または社員総会の承認（定款規定ある場合）	現社員の全員で構成する社員総会の承認
社員名簿書換（法人内部）	
次回社員総会から参加権限なし	次回社員総会から参加

※　経過措置型医療法人で出資金払戻請求権を持つ社員の退社に際しては、理事長退職、退職金支払いとの前後により払戻額が変わってくる可能性があるので、細かな日付につき税理士と相談のうえで決定することをおすすめします。

図表3-④-5　法人開設の手続き（理事）

被承継者（先代経営者）側	承継者（後継者）側
理事長に辞任届出で退任（辞任により定員割れになる場合は後任者就任まで責任を負う）	社員総会で選任され本人就任承諾で就任（定数に空きがなければ定数増の定款変更または前任者の退任のときに効力発生）
役員名簿書換（法人内部）	
役員変更届出（都道府県）	

図表3-④-6　法人開設の手続き（理事長）

被承継者（先代経営者）側	承継者（後継者）側
辞任届出	理事会で選任され本人就任承諾で就任
役員名簿書換	
退任登記（法務局）	就任登記（法務局）
役員変更届出、登記事項届出（都道府県）	
病院（診療所）開設許可事項変更届出（保健所） 保険医療機関届出事項変更届出（地方厚生局）	
異動届出書（税務署） 異動届出書（都道府県税事務所） 異動届出書（市区町村）	
口座名義変更届出（金融機関／口座を継続使用する場合）	

　実務上は、上記の手続きのいくつかを並行して行い同時に届け出る等、組み合わせて行うことになります。

Ⓑ　医療機関として
　病医院については、法人の役員と並行して、次の手順で管理者（院長）の変更手続を行います（図表3-④-7）。

図表3-④-7　法人開設の手続き（管理者変更）

被承継者（先代経営者）側	承継者（後継者）側
辞任届出	社員総会で選任され本人就任承諾で就任 （同時または事前に理事就任が前提）
病院（診療所）開設許可事項変更届出（保健所）	
保険医療機関届出事項変更届出（地方厚生局）	

　事業承継を円滑にする目的で、ひとまず理事長は変更なく、管理者（院長）のみ変更で移行期間を設け、その後に理事長も交代

する、という手法もよく使われます。また逆に、理事長と管理者は後継者に交代するものの、先代経営者は「名誉院長」といった肩書で診療を一部継続する等の場合も考えられますが、その際は新管理者のもとでの勤務医として、保健所および地方厚生局に届け出ることになります。

4　注意点

　複数の手続きが複数の行政機関にまたがって混在していることから混乱しがちですが、それぞれの用語とその定義を正確に理解し、1つひとつ正確に進めることが重要です。

　また、個人開設・法人開設を問わず、税金対策と称して実際は新経営者が診療のすべてを行いながらも、開設者・管理者は前経営者のままとしている等、実態と手続きの間に乖離(かいり)を発生させてしまうことがあります。このような場合、いざ相続が発生した際に財産の帰属等の問題が発生することがありますので、手続き上のタイムラグ部分は別として、実態と届出を一致させておくことが重要です。

　当然ながらドクターとしての責任の問題もありますので、税理士やFP等から「○○の名前で〜」という言葉が出てきたら要注意です。相続「税」から考えると失敗することが多いので、あくまで実体上の意思決定と手続きを正確に行い、そのうえで相続時精算課税制度や法人持分を分割して譲渡する等の工夫により「損にならない」方法を考える、という手順を守ることをおすすめします。

5　承継者以外の子世代への配慮

　「家業」の色彩の強い病医院の承継に際し、多くの場合で問題になるのは、承継者以外の推定相続人の扱いです。当然のことながら、当事者間で不公平感がなく、納得が得られるものであることが重要です。後継者以外の子世代にも、病医院に関連する何らかの財

産を遺したい場合、考えられる手法のいくつかを紹介します。

ア）MS法人で遺す

　先代経営者時代から院内の業務の一部を委託し、また連携して関連する介護事業等を行っていたMS法人の経営権を後継者以外の子供に遺し、承継後はきょうだい間等でそれぞれ業務を委託する側、受託する側の代表者として、また連携先の代表者として事業を継続します。

イ）病医院建物のオーナーシップを遺す

　前経営者時代に院長個人が所有していた病医院の建物を後継者以外の相続人に遺し、承継後は建物の賃貸人と賃借人の関係となって病医院を継続します。

ウ）病医院関連資産とそれ以外を分ける遺言による遺産分割の指定

　前経営者の遺言による相続分の指定で、診療所関連財産とそれ以外のプライベートな資産を分離したうえで、診療所関連の資産のみを後継者が、他の資産の一切は他の相続人が取得します。

　上記ア）〜ウ）はあくまで例示であって、そもそも絶対的で完璧な公平など存在しないことを前提に、各当事者がお互いに「納得感」を得られることが重要です。また、仮に今回の承継の代では当事者がきょうだい等であっても、数十年後にはそれぞれの承継が発生してだんだんと疎遠になる場合等もあり得ますので、長期にわたっての相互の依存関係を前提とする承継スキームは控えめにすることをおすすめします。

（岸部宏一）

親族内承継の事例

1 相続税対策（相続税に疎い顧問税理士）

事例

- 郊外の駅前に土地と診療所建物を所有する院長A（父）内科
- 土地の価値（敷地：400m²で2億4,000万円）
- 後継者長男b（内科）に生前に承継することを決め、Aは院長を引退しクリニックの開設管理者はbに変更
- 開設管理者はAからbに変更・クリニックの土地・建物の所有者は引き続きAが所有
- Aとbはそれぞれ別に住んでおり、生計を一にしてはいない
- 引退後しばらくしてドクターAが亡くなり、相続が発生した場合

　相続税の計算をする際には、一定の居住用の宅地や事業用の宅地に関しては、居住用土地や事業用土地が相続後に維持できないと困るため、一定の面積まで減免される措置があります。これを小規模宅地等の特例といいます。

　小規模宅地等については、相続税の課税価格に算入すべき価額の計算上、図表3-⑤-1に掲げる区分ごとに一定の割合を減額します。

図表3-⑤-1　小規模宅地等の特例

相続開始の直前における宅地等の利用区分			要件	限度面積	減額される割合
被相続人等の事業の用に供されていた宅地等	貸付事業以外の事業用の宅地等	①	特定事業用宅地等に該当する宅地等	400m²	80%
	貸付事業用の宅地等				
	一定の法人に貸し付けられ、その法人の事業（貸付事業を除く）用の宅地等	②	特定同族会社事業用宅地等に該当する宅地等	400m²	80%
		③	貸付事業用宅地等に該当する宅地等	200m²	50%
	一定の法人に貸し付けられ、その法人の貸付事業用の宅地等	④	貸付事業用宅地等に該当する宅地等	200m²	50%
	被相続人等の貸付事業用の宅地等	⑤	貸付事業用宅地等に該当する宅地等	200m²	50%
被相続人等の居住の用に供されていた宅地等		⑥	特定居住用宅地等に該当する宅地等	330m²	80%

出典：国税庁ウェブサイトより

　個人が、相続または遺贈により取得した財産のうち、その相続の開始の直前において被相続人等の事業の用に供されていた宅地等または被相続人等の居住の用に供されていた宅地等のうち、一定の選択をしたもので限度面積までの部分（以下「小規模宅地等」といいます）については、相続税の課税価格に算入すべき価額の計算上、一定の割合を減額します。

　この小規模宅地用の特例の中には、特定事業用の宅地400平方メートルまで80％の評価額を減額することが可能です。その要件は次の通りです。

　相続開始の直前において被相続人等の事業（貸付事業を除きます。以下同じ）の用に供されていた宅地等で、図表3-⑤-2の区

分に応じ、それぞれに掲げる要件のすべてに該当する被相続人の親族が相続または遺贈により取得したものをいいます（表の区分に応じ、それぞれに掲げる要件のすべてに該当する部分で、それぞれの要件に該当する被相続人の親族が相続または遺贈により取得した持分の割合に応ずる部分に限られます）。

図表3-⑤-2　特定事業用宅地等の要件

区分	特例の適用要件	
被相続人の事業の用に供されていた宅地等	事業承継要件	その宅地等の上で営まれていた被相続人の事業を相続税の申告期限までに引き継ぎ、かつ、その申告期限までその事業を営んでいること。
	保有継続要件	その宅地等を相続税の申告期限まで有していること。
被相続人と生計を一にしていた被相続人の親族の事業の用に供されていた宅地等	事業継続要件	相続開始の直前から相続税の申告期限まで、その宅地等の上で事業を営んでいること。
	保有継続要件	その宅地等を相続税の申告期限まで有していること。

出典：国税庁ウェブサイトより

さて、このケースの場合に上記の要件をあてはめていくと

- 開設管理者はＡからｂに変更されており、上記区分上段の被相続人Ａの事業の用に供されている宅地には該当しなくなる
- Ａとｂはそれぞれ別に住んでおり、生計を一にしてはいないので、上記区分下段の要件も満たさなくなっている
- 結果、このケースでは小規模宅地等の80％評価減を使用することができず、敷地400m^{2}は2億4,000万円で評価をして申告納税をする

こととなるのです。

仮に、80％の評価減を適用できれば、4,800万円まで評価減でき

るので、税額も大きく減らすことが可能だったわけです。

　また、貸付事業用宅地の50％評価減が適用できるかどうかですが、生前Aからbに対して使用貸借であった場合は適用できず、適正な賃料での賃貸借契約であった場合でも、借主が別生計の子供や親族の場合、借主自身がその土地を相続すると、自分から自分への貸付はありませんので、相続と同時に賃貸借が終了します。

　この場合は、貸付継続要件を満たしておらず、小規模宅地等の特例の適用が受けられなくなります。

2　親子のコミュニケーション不足と主導権の移譲

事例

- 医療法人、内科クリニック
- 理事長は70代で昔ながらの診療所経営を行う
- 後継者は、大学病院→基幹病院へと勤務し、承継対象の医療法人に勤務
- 後継者として勤務しているにもかかわらず、経営判断を後継者である息子に一切させずに、現理事長がすべて判断し決済をする状態が続く
- 建物は老朽化し、患者数も減少、医療法人は赤字に転換し運転資金の借入れも増加
- 後継者は、経営にはタッチしていないため、大学病院と民間クリニックの実態の違いを理解できずに、医療法人の経営は悪化し承継もうまく進まない状態で継続中

　本来であれば、後継者が診療に慣れた頃に親子間でコミュニケーションをよくとり、財務状態を息子に開示しかつ経営を任せ、事業用の財産や建物のリニューアルなど早期に計画をするべきでした。

親子のコミュニケーションがうまくいかず、主導権をいつまでも先代経営者が渡さないという、よくあるパターンで承継が失敗したケースです。

3　家族仲を無視した後継者選定

事例

- 某県病院
- 院長（父）は80代で、副院長（長男）40代とその妻（看護師）30代で病院を承継する計画
- 早くから長男を後継者と決めていたため、医療法人設立時に持分を長男に移転し、相続税対策をしていた
- しかしながら、院長の妻と副院長の妻でいわゆる嫁姑問題が長きにわたり存在し、最終的に折り合いが悪くなり、長男夫婦は病院を去ることとなり、後継者を急遽次男へと変更
- 長男の退社による出資持分の払戻請求権の行使により、多額の資金が医療法人から流出することになった

家族仲の問題を考えず、後継者を安易に決めたことで、医療法人の経営が弱体化した事例です。

4　離婚というリスク

事例

- 都内の持分あり医療法人
- 社員は理事長 X と妻 y と長男 z（医師）
- 承継対策のため、税理士のすすめで理事長 X は妻 y と後継者である長男 z に積極的に医療法人の持分を贈与
- 理事長である X の持分が残り僅かとなったところで、妻 y から離

婚の申し出があり、離婚が成立
・離婚後ドクターである長男 z は妻側につき、医療法人の支配権は妻 y と長男 z のものとなり、理事長 X は医療法人の理事長を退任させられてしまい経営権を失い、医療法人から去ることに

　夫婦であっても離婚をすると他人となります。万が一を考えて、出資持分などの贈与は慎重にする必要があるでしょう。

兄弟喧嘩というリスク

事例

・某県の中規模病院の持分あり医療法人
・理事長が亡くなり、勤務していた長男（消化器内科）と次男（皮膚科）が出資持分を50％ずつ相続し、長男が理事長、次男が理事に就任して兄弟で経営を行っていくことに
・しばらくは仲良く経営していたが、次第に経営方針や理事報酬などで揉め始め、兄弟喧嘩が発生、病院の雰囲気も悪くなり、経営が赤字に転落
・次男が退社することになり、出資持分の払戻請求権を行使され、医療法人は約5億円の借入れをして次男に現金を支払うことに
・その後も医療法人の経営は苦しい状態が続いている

　兄弟で共同経営をすることは非常に難しいケースが多く、先代経営者が存命中に次男は別のクリニックなどを立ち上げるなどの対策が必要でしょう。
　同一医療法人でも施設などを分けることで、経営権や収益なども明確になるため、兄弟で同一施設を経営するよりは兄弟喧嘩などのトラブルを防げるでしょう。

（小島浩二郎）

MS法人等を用いた承継

1 概　説

　相続人間で実際に病医院を承継する者は1名のみとなることが原則ですが、新経営者以外の相続人に対してどのように財産を遺すか、というのは大きな課題です。

　病医院と無関係の純粋な個人財産があれば、新経営者以外の相続人はそちらを相続することで争族を回避できる可能性が高くなりますが、病医院関係以外には主だった財産がない場合は、いわゆるMS法人を関与させることで新経営者以外の「取り分」を確保する、という手法が考えられます。

　本節では、そういった場合に考え得る手法を紹介します。

2 MS法人を活用した手法の例

ア）病医院の土地建物をMS法人が所有

　前経営者が個人で所有していた病医院の建物をMS法人に譲渡し、MS法人の株式は新経営者および新経営者以外の相続人に遺し、新経営者とMS法人が建物の賃貸人と賃借人の関係となり、お互いの事業として継続します。

　類似の手法として、土地建物をMS法人に移さずに複数の相続人間で共有し、共有不動産の賃貸によることも可能ですが、共有不動産は修繕費用の負担や将来の処分に際して意見がまとまらずにトラブルが多くなる傾向があるので、あまりおすすめできません。

　また、病医院が個人開設でなく医療法人による開設の場合でも後

継者が理事長に就任した医療法人に対し、MS法人が「大家さん」の立場となり、経済的関係を継続することも可能です。

イ）MS法人への業務委託

　総務事務、清掃、建物管理等、病医院内の業務の一部を、前経営者またはその相続人が株式を持つMS法人に外部委託し、前経営者から新経営者に病医院の事業を承継した以降もMS法人との委託契約を継続することで、新経営者以外の相続人の関与を残すことができます。また、前経営者からMS法人が医療機器の譲渡を受け、それを病医院を承継した新経営者に賃貸する等も可能であり、また建物賃貸借等と並行していくつかの契約を組み合わせることで、相続人間のバランスをとることも可能です。

　ただし、医療機器の賃貸については、機器の種類によって医薬品医療機器等法に基づく医療機器貸与業の許可が必要になるものもありますし、病院等の清掃業務に関しては医療法15条の3第2項で委託先に制限があるので注意が必要です。

医療法

> 第15条の3
> 2　病院、診療所又は助産所の管理者は、（略）病院、診療所又は助産所の業務のうち、医師若しくは歯科医師の診療若しくは助産師の業務又は患者、妊婦、産婦若しくはじよく婦の入院若しくは入所に著しい影響を与えるものとして政令で定めるものを委託しようとするときは、当該病院、診療所又は助産所の業務の種類に応じ、当該業務を適正に行う能力のある者として厚生労働省令で定める基準に適合するものに委託しなければならない。

医療法施行令

> 第4条の7　法第15条の3第2項に規定する政令で定める業務は、次のとおりとする。
> 　一　医療機器又は医学的処置若しくは手術の用に供する衣類その他の繊維製品の滅菌又は消毒の業務
> 　二　病院における患者、妊婦、産婦又はじよく婦の食事の提供の業務
> 　三　患者、妊婦、産婦又はじよく婦の病院、診療所又は助産所相互間の搬送の業務及びその他の搬送の業務で重篤な患者について医師又は歯科医師を同乗させて行うもの
> 　四　厚生労働省令で定める医療機器の保守点検の業務
> 　五　医療の用に供するガスの供給設備の保守点検の業務（高圧ガス保安法（昭和26年法律第204号）の規定により高圧ガスを製造又は消費する者が自ら行わなければならないものを除く。）
> 　六　患者、妊婦、産婦若しくはじよく婦の寝具又はこれらの者に貸与する衣類の洗濯の業務
> 　七　医師若しくは歯科医師の診療若しくは助産師の業務の用に供する施設又は患者の入院の用に供する施設の清掃の業務

　具体的には「病院、診療所等の業務委託について」（平成5年2月15日指第14号）という通知に定められているので、検体検査、滅菌消毒、患者等の食事、患者等の搬送、医療機器の保守点検、医療の用に供するガスの供給設備の保守点検、患者等の寝具類の洗濯、清掃についてMS法人に業務委託するときは、かならず通知をよく確認してください。

　なお、これらの業務を適正な業者に委託していない場合は、病院等への立入検査の際に是正を求められることもあります。

ウ）関係事業者との取引の状況に関する報告書

　平成29年4月2日以後に開始する会計年度にかかる事業報告等提出書（いわゆる決算届）を都道府県に提出する際には、「関係事業者との取引の状況に関する報告書」の提出が必要となりました。

　関係事業者とは、下記の者をいいます。

> イ　当該医療法人の役員又はその近親者（配偶者又は二親等内の親族）
> ロ　当該医療法人の役員又はその近親者が代表者である法人
> ハ　当該医療法人の役員又はその近親者が株主総会、社員総会、評議員会、取締役会、理事会の議決権の過半数を占めている法人
> ニ　他の法人の役員が当該医療法人の社員総会、評議員会、理事会の議決権の過半数を占めている場合の他の法人
> ホ　ハの法人の役員が他の法人（当該医療法人を除く。）の株主総会、社員総会、評議員会、取締役会、理事会の議決権の過半数を占めている場合の他の法人

出典：平成28年4月20日医政発0420第5号「医療法人会計基準適用上の留意事項並びに財産目録、純資産変動計算書及び附属明細表の作成方法に関する運用指針」より

　関係事業者との取引のうち、報告書に記載する義務があるのは下記の取引です。

> イ　事業収益又は事業費用の額が、1千万円以上であり、かつ当該医療法人の当該会計年度における事業収益の総額（本来業務事業収益、附帯業務事業収益及び収益業務事業収益の総額）又は事業費用の総額（本来業務事業費用、附帯業務事業費用及び収益業務事業費用の総額）の10パーセント以上を占める取引

ロ　事業外収益又は事業外費用の額が、1千万以上であり、かつ当該医療法人の当該会計年度における事業外収益又は事業外費用の総額の10パーセント以上を占める取引
　ハ　特別利益又は特別損失の額が、1千万円以上である取引
　ニ　資産又は負債の総額が、当該医療法人の当該会計年度の末日における総資産の1パーセント以上を占め、かつ1千万円を超える残高になる取引
　ホ　資金貸借、有形固定資産及び有価証券の売買その他の取引の総額が、1千万円以上であり、かつ当該医療法人の当該会計年度の末日における総資産の1パーセント以上を占める取引
　ヘ　事業の譲受又は譲渡の場合、資産又は負債の総額のいずれか大きい額が、1千万円以上であり、かつ当該医療法人の当該会計年度の末日における総資産の1パーセント以上を占める取引

出典：前掲「医療法人会計基準適用上の留意事項並びに財産目録、純資産変動計算書及び附属明細表の作成方法に関する運用指針」より

　つまり、MS法人と年間1千万円以上、かつ、事業費用の総額の10％以上となる土地建物の賃貸借や業務委託を行っている場合は「関係事業者との取引の状況に関する報告書」に記載しなければなりません。

　本稿執筆時点で、すでに都道府県に対して「関係事業者との取引の状況に関する報告書」を提出した医療法人が出始めていますが、都道府県から取引の内容について照会してくるケースが結構あります。

　土地建物の賃貸借であれば近傍類似に関する資料、業務委託であれば金額が市場価格等からみて妥当な価格であることを証する資料を、かならず事前に用意しておくことをおすすめします。

エ）病医院と連携して介護事業等を行うMS法人

　前経営者時代から病医院と連携して関連する介護事業を行っていたMS法人の株式を新経営者以外の相続人が持ち、承継後の病医院と連携して、介護事業等を行う法人として継続することも可能です。

　また、介護事業のみならず、病医院の患者層に合わせてスポーツジムやサプリメント等の販売、院内売店、カフェ等の飲食店等をMS法人が併設するかたちで共存し、先代経営者の時代とは異なる業態となりながらも事業としては永続していく、といった場合もあり得ます。

3 MS法人を活用した経過措置型医療法人の相続税対策

　前述した経過措置型医療法人の場合、承継に際して社員たる地位と持分を切り離し、持分については先代経営者からMS法人に移し、MS法人の株式を後継者その他の親族が保有することにより、一般の中小企業者の事業承継税制等の恩恵を受けられる場合があります。

　たとえば、医療法人の出資持分1,000万口（評価は一口10円）を理事長が100％所有しており、相続人は妻と子ども2人いるとします。この状態でもし理事長が亡くなると、出資持分の評価額1億円（1,000万口×10円）は相続財産になりますが、理事長の存命中に理事長が所有している医療法人の出資持分を妻と子供2人が株主となっているMS法人に譲渡することにより、理事長が亡くなっても医療法人の出資持分は相続財産に含まれません。

　また、MS法人の株主の大半を妻が所有していても一般の中小企業者の事業承継税制を活用することで、無税で子供2人に移すことが可能です。

さらに、医療法人の出資持分の譲渡は株式の譲渡と同じ申告分離課税となり、税率は贈与税や相続税に比べるとかなり低い 20.315％（所得税および復興特別所得税 15.315％、住民税 5％）となります。
　MS 法人が持分を保有することについては、平成 3 年 1 月 17 日に厚生省（当時）が東京弁護士会に「出資又は寄附によって医療法人に財産を提供する行為は可能であるが、それに伴っての社員としての社員総会における議決権を取得することや役員として医療法人の経営に参画することはできないことになる。」と回答しています（第 2 章第⑧節参照）。
　ただし、自然人でない MS 法人は純粋な財産権たる持分を保有することはできるものの、法人の社員となることはできないため、退社にともなう払戻請求権を行使することができず、解散時に残余財産の分配を受けられるのみであることには注意が必要です。

（岸部宏一）

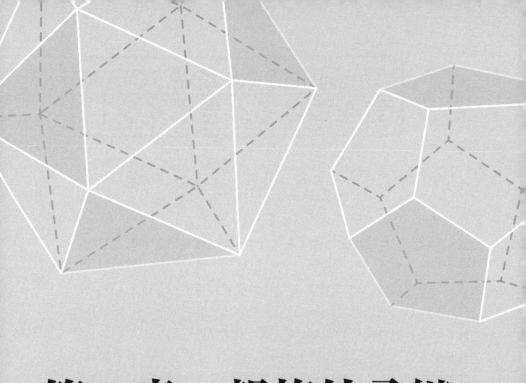

第4章 親族外承継（M＆A）と廃業

第①節 病院のM&Aで気をつけるべきポイント

　病院や診療所のM&Aは、不動産売買のように法整備されているわけではなく、士業等の有資格者が専門的に取り扱うものでもありません。それが要因なのかどうかはわかりませんが、M&Aの案件には、ブローカーと称する人たちが介在することがしばしば見受けられます。

　そこで、M&Aの交渉にあたってまず注意すべき点として挙げられるのが、売り手本人から直接打診された話なのか、または仲介している人物が売り手本人から正式な代理人と認められているかを確認することです。実際にブローカーからM&Aの内容を詳細に聞き出していくと、売り手から直接依頼されたわけではなく、話の出所が不明な案件が多数あります。大手住宅メーカーが数十億円の被害に遭った東京都内の旅館跡地の取引をめぐる地面師事件などのように、実体の判明しない取引をもとに不動産情報を提供して儲けようとするがごとく声をかけてくるブローカーも存在します。さらに、その話をまた聞きした別人が、自分が怪しいブローカーになってしまっていることに気づかないまま話を持ち掛けてくるケースすらあります。

　次に、M&Aを進めるにあたって気を付けるべきポイントを挙げていきます。

　診療所の場合は、医療法人であっても法人格は承継しないケースが多数ありますが、病院のM&Aはよほどの理由がない限り、あらためて病床の設置許可を申請する必要のない医療法人格ごとの承継となります。診療所の収入は外来のみ（有床診療所を除く）ですが、病院は入院収入が大きな割合を占めます。そのため施設基準の

届出や変更、看護配置基準などチェックすべき点が多く、より詳細に病院の状況を精査してM&Aを実行していく必要があります。

病院の譲渡先候補の選定

　譲渡先の候補を選定するにあたって最も留意すべきポイントは、誰をアドバイザーに任命するかです。懇意にしている病院と直接交渉する場合は別として、ほとんどの場合はアドバイザーを介して買い手を探すことになるはずです。相談相手としてまず挙げられるのは顧問税理士、取引先金融機関になりますが、M&Aの専門的な知識もさることながら、病院特有の会計・税務、法務、行政との折衝など専門知識も必要となります。

　また、アドバイザーには買い手の探索ノウハウが求められます。そのため、顧問税理士や金融機関が直接買い手を探すことはまれで、外部に依頼することが多くなりますが、情報が外部に漏洩した場合、前述したようなブローカーが介入してくることがありますので、細心の注意を払う必要があります。

　それ以外にも、「倒産するのではないか」などの風評被害による職員の動揺などのリスクが生じるおそれがあるので、譲渡意思は信頼できる一部の人にのみ伝えておくことです。依頼先には医業に特化しているコンサルタント、税理士、またはM&Aを専門に取り扱う会社も候補として挙げられます。その中でも、医業のM&A分野で豊富な実務経験をもつ専門家に依頼するのがよいでしょう。

　ここで注意すべきポイントとしては、仮に譲渡を急ぐ何らかの事情がある場合など売り手が買い手より弱い立場であっても、売り手は無制限に保証を受け入れるべきではないということです。M&Aでは、一度合意の方向に話が傾くと十分な調査を行わないまま、さまざまな取り決めが進行してしまうことがあるからです。

2 秘密保持契約の締結

　売り手から買い手への初期の開示情報として、「ノンネーム」と呼ばれる、病院が所在しているおおよその地域、病床機能、売上など、病院が特定されない範囲の情報を開示します。

　ノンネームの情報を基に買い手がM＆Aを本格的に検討したいという意思が確認できた場合、病院名、病院の所在地、病床数、定款、履歴事項全部証明書、社員・理事・出資者名簿、過去数期分の税務申告書類、病院の概要が記載された情報等を開示します。その際は、売り手が特定されますので、秘密保持契約書を締結する必要があります。

　この時点で、双方の理事長が実際に面談して、お互いの人柄や理事長としての経営ビジョンなどを知り、信頼関係を築くことが望ましいです。

3 基本合意書の締結

　買い手が開示された情報を基に検討した結果、本格的にM＆Aの交渉を進める意思が固まれば、基本合意書を取り交わします。基本合意書とは、売り手が提出した情報が正しいことを前提として、譲渡希望価格、退職金支給額、その他資産売買の条件等の合意を書面にしたものです。この後の調査で多額の簿外債務や建築部分の瑕疵が発覚する場合もありますので、譲渡価格を修正する基準や合意書が破棄された場合の違約金額などを定めておく必要があります。

　この合意書をもって買い手に単独交渉権が付与され、合意書に定められた有効期間内は他の買い手との交渉が一切できなくなります。ここで注意すべき点として、契約書や基本合意書は買い手または売り手が一方的に作成し提案してきたものを安易に受け入れないことが挙げられます。契約書関係は一般的に作成した側に有利な条件となっていることが多いため、書類は詳細に目を通し、1項目ご

と吟味し、納得できない点は議論を重ね、双方の妥協点を見出したのちに契約するようにします。

買い手が作成し締結した基本合意書の実例を、一部抜粋で紹介します。

合意書の実例

> 第○条　甲による債務の担保
> 　乙において調査した結果、譲渡日前の原因に基づき、偶発的債務及び簿外債務が発生した場合、乙はその金額を直ちに甲に求償することができ、甲は直ちにこれを乙に支払うものとする。

※　甲は売り手、乙は買い手。

この案件では、基本合意書と別に偶発債務および簿外債務に関しての保証書も差し入れていました。上記の条文と保証書によって、売り手は、下記のような極めて不利な債務まで譲渡後に負担せざるを得ないこととなりました。

> ・　新築時の建設会社の倒産により、アフターメンテナンスの保証が受けられない状態になっていたことから、譲渡後に買い手から偶発的債務としてメンテナンス費用の求償。
> ・　地方厚生局からの個別指導による多額の診療報酬返還請求について、譲渡前の保険請求に対するものであることから売り手が責任を負うべきであるとして求償。

このように、合意書の内容を精査せず安易に契約を取り交わしてしまうと、売り手が無制限の保証義務を負ってしまうことにもなりかねません。

別の例として、買い手側である大手病院グループが提示した契約書に、売り手の理事長の子供も保証人とする一文が含まれていたこ

とがありました。こういった条件はあまりにリスクが高く、売り手は受け入れるべきではありません。M＆Aでは通常、偶発的債務や簿外債務は買い手が引き継ぐものです。譲渡後に発覚した偶発的債務および簿外債務は買い手が責任を負うことになるため、それを洗い出す目的で譲渡前にデューデリジェンスを行うわけです。しかし売り手に、病院M＆Aの技術的なノウハウと経験を持っている専門家がついていないと、売り手が偶発的債務および簿外債務の全額保証をしてしまうような契約を安易に取り交わしてしまうことになりかねません。

4 デューデリジェンスの実行

　M＆Aの手順としては、秘密保持契約を結び、基本合意書を取り交わして初めて、売り手の病院側に買い手のスタッフが入り、デューデリジェンスを行います。デューデリジェンスの手法は財務・法務・労務に分けられますが、病院のM＆Aで詳細な調査を行ううえで注意すべきポイントをまとめると、次の通りです。

病院のM＆Aで調査において注意すべきポイント

1．現在の損益と資金繰り
2．簿外債務や偶発的債務等の存在
3．外来・入院患者の分析
4．診療圏調査
5．病院の将来性や企業価値の算出
6．建物が既存不適格建築物に該当していないかの確認
7．建物に対する耐震補強工事の必要性
8．スプリンクラー、消防設備の設置工事の必要性の有無
9．土地等の賃貸借契約の確認
10．地方厚生局への施設基準の届出、充足状況

11. 医師や看護師等との雇用契約の確認
12. 医療機器など固定資産の有無と修繕の必要性の確認
13. 未収金の管理状況の確認
14. 病院出入り業者との契約書の確認
15. 医薬品等の棚卸の確認

1.～5.については、M＆Aにおいて基本的に行うものですが、6.以降についても1つひとつ確認していかなければなりません。

6.建物が既存不適格建築物に該当していないかの確認では、現在の建築基準と照らし合わせて、建物の再建築ができない違法建築になっていないかなどを確認していきます。

10.地方厚生局への施設基準の届出状況の確認では、施設基準の届出漏れなどにより個別指導で大幅な返還請求を受けてしまうリスクが隠れていないか調査します。診療報酬の請求については、人員配置基準を基に請求しますが、人員の水増しや架空請求がないか入念にチェックします。たとえば、看護師の夜勤には「72時間ルール」が設けられています。看護師が過剰な夜勤労働をしないために「夜勤をする全看護師の夜勤時間の合計」から「夜勤をする全看護師の人数」を割った数字が72時間以内にならなければいけないというルールです。計算基礎がありますが、意図的な操作でなくても計算違いにより突然地方厚生局から個別指導を受け、数千万円の返還請求がくることも実際にある話です。

11.医師や看護師等との雇用契約の確認では、契約内容の詳細を把握するとともに、各部署の責任者へ譲渡に至った経緯や今後の方針を伝え、合意を得ておく必要があります。合意を得ずに譲渡が進んでしまうと、不安を感じた職員の退職が続出したり、譲渡をきっかけに「もっと給与を上げてほしい」と要求する勤務医師がでてくる可能性などが生じます。

12.医療機器等の固定資産の確認および修繕の必要性の確認で

は、たとえばCTが問題なく稼働する状況であるか、CTが古く修理時に多額の費用を費やすおそれがないかなど、書類だけではなく現物確認を行う必要があります。

その他、注意すべきポイントとして、次の2点を挙げます。

ア）医療法人負担分の社会保険料の滞納金の取扱い

社会保険料に含まれる代表的なものは健康保険、雇用保険、厚生年金保険ですが、その時効は法律によって以下の通り規定されています。

健康保険法（時効）

> 第193条　保険料等を徴収し、又はその還付を受ける権利及び保険給付を受ける権利は、2年を経過したときは、時効によって消滅する。
> 2　保険料等の納入の告知又は督促は、民法（明治29年法律第89号）第153条の規定にかかわらず、時効中断の効力を有する。

労働保険の保険料の徴収等に関する法律（時効）

> 第41条　労働保険料その他この法律の規定による徴収金を徴収し、又はその還付を受ける権利は、2年を経過したときは、時効によつて消滅する。
> 2　政府が行なう労働保険料その他この法律の規定による徴収金の徴収の告知又は督促は、民法（明治29年法律第89号）第153条の規定にかかわらず、時効中断の効力を生ずる。

厚生年金保険法（時効）

> 第92条　保険料その他この法律の規定による徴収金を徴収し、又はその還付を受ける権利は、2年を経過したとき（以下略）
> 2　（略）
> 3　保険料その他この法律の規定による徴収金の納入の告知又は第86条第1項の規定による督促は、民法（明治29年法律第89号）第153条の規定にかかわらず、時効中断の効力を有する。
> 4　（略）

　つまり、いずれも2年で時効成立となりますが、成立する前に滞納者に対して、督促状を送付すると時効が中断[12]します。時効が中断すると、それまで進行していた時効期間がリセットされますので、2年が経過したからといって時効は成立しません。10年以上前に滞納していた1億円を超す医療法人負担分の社会保険料について、譲渡後に発覚し支払わざるを得なかった例もありますので、注意が必要です。

イ）監査法人の担当者の同席

　病院のM＆Aの場合は、買い手から監査法人の担当者を同席させることがあります。その際、売り手の理事長に対して尋問のようになり、プレッシャーを与えるおそれがあります。その際は、感情的な態度に陥らないよう、理事長サイドにも専門家を同席させた方がよいでしょう。

---

[12] なお、平成29年5月26日に民法の一部を改正する法律が成立し、令和2年4月1日より施行されます。これにともない、「中断」という言葉は「更新」に変更されます。

ここで、実際に行った財務デューデリジェンス調査報告書の一部を抜粋したものを例として挙げます。

図表4-①-1　実施した財務デューデリジェンス手続きの全般的事項

調査の目的	論点	実施した手続き	閲覧資料
病院の事業全般を理解し、調査要点を把握	病院の概要の理解	・病院の概要を理解するため、定款、ホームページ、直近の決算書、直近の社員総会議事録等を閲覧する。 ・病院の概要を担当者に質問する。 ・組織図を閲覧し、医師・看護師などの人員基準を満たしているか確認する。 ・社員、理事名簿を閲覧し、理事長との関係や出資持分の有無について確認する。	・定款 ・商業登記簿謄本 ・社員名簿 ・役員名簿 ・組織図 ・ウェブサイト ・直近の社員総会、理事会議事録 ・直近の決算書
社員構成を確認し、病院支配権を確認	病院支配権が確保できるかの把握	・理事長の病状について質問する。 ・各社員が総会を開催した場合に出席する可能性について質問する。	・直近の社員総会招集通知書 ・上記招集に対する欠席通知書
事業に関連する簿外債務、偶発債務の有無の把握	・将来発生する費用ないし損失に関する引当金が設定されておらず、簿外債務が存在する可能性 ・係争中の案件があり、本案件実行後の事業展開に重要な影響を与える可能性	・係争中の案件について質問する。 ・賞与、退職金制度の有無を質問する。 ・所轄の年金事務所に対し適切な届出をしているか質問する。	・関係契約書等 ・会談のテープ起こし文 ・保全事件記録 ・弁護士との打合せ書類

	・社会保険や諸税金が適切に納付されておらず、簿外債務が存在する可能性		・各種届出書の控え
事業に関連する契約の継続可能性	・病院運営に必要不可欠な契約が、本案件実行後に継続できない可能性 ・病院運営に必要不可欠な職員定数が、本案件実行後に満たされない可能性	・提示された契約書を閲覧し、本案件実行が契約の解除事由として取り扱われないかどうか、および契約期限について確かめる。 ・院長、看護部長などの幹部職員に対して質問をする。 ・雇用契約書を確認する。	・各種契約書 ・雇用契約書
病院財産の保全状況	・医師賠償保険等の保険加入がなく、本案件実行前の不測の損害に対応できない可能性 ・過去に役員・従業員の不正があり、当該不正の対策が講じられていない可能性	・保険加入状況に関する質問をし、必要に応じて保険会社への問合せおよび保険契約書を閲覧する。 ・過去の役員。 ・従業員の不正の有無、その後の対策の状況を質問する。	・保険証書
病院運営の将来計画に影響を及ぼす事項の把握	・病院運営のキーパーソンが退職する可能性 ・建物の欠陥箇所や手抜き工事があり、本案件実施後に多額の修繕支出や改装コストが発生する可能性	・組織図およびヒアリングによって把握したキーパーソンについて、今後の退職の可能性を質問する。 ・建物や設備の現状について質問する。	・組織図 ・建物図面

5 最終契約書の締結

ここまでのプロセスが無事完了した後、売り手と買い手の間でトラブルが発生しないよう、責任区分を明確にするため、最終契約書を締結します。

最終契約書の締結にあたっては、譲渡日および譲渡金額の確認を行うとともに、「前提条件」「売り手、買い手の義務」「表明保証条項」「損害補償条項」が留意すべき項目となるので、かならず確認します。

「前提条件」は、この条件を満たさない限り出資持分の譲渡や譲渡代金の支払いを行わないという意味です。一般的なものとしては、表明保証条項や遵守条項に違反がないことや、M&Aの前提として地方厚生局や都道府県からの許認可が必要な場合はこれらを前提条件とする場合もあります。

「売り手、買い手の義務」は、譲渡前であれば、行政手続、各種契約の再締結の手続き、金融機関からの融資の実行など、また譲渡後であれば買い手は職員の雇用維持、売り手は業務引継ぎなどです。

「表明保証条項」は、売り手または買い手が相手方に対して一定の事項が真実であり正確であることを表明し、表明したことを保証する条項です。M&Aに関するトラブルのほとんどは、この表明保証条項を巡っての訴訟係争となっていますので、注意が必要です。買い手はデューデリジェンスを行いますが、その調査・把握には限界があり、かならずしもすべてのリスクが明らかになるわけではありません。また、そのようなリスク情報が積極的に開示されない場合もありますので、買い手は売り手に表明保証をさせることで、想定しないリスクが存在しないことを確認する狙いがあります。

「損害賠償条項」は、本契約への違反や「表明保証」への違反が

あり、かつ「買い手が損害を被った場合に限り当該損害の金額を賠償する」と規定することが一般的です。ただし、無制限の求償がなされる可能性があると、売り手は不安定な状況におかれたままになることになります。

　そのため、分担リスクの上限を明示し、金銭的・時間的に補償を制限することが少なくありません。補償の金銭的な制限としては、補償額の上限を設定することで、売り手のリスクを制限します。時間的な制限としては実務上、補償請求権の行使可能期間を設けます。どの程度の期間にするかは個別案件によりますが、1年から5年程度の期間が比較的多いです。

　この最終契約書の締結をもって、出資持分の引渡し、譲渡代金の決済を行い、M＆Aが完了します。

（池田宣康）

診療所のM&A・居抜譲渡で気をつけるべきポイント

　一般的に、診療所のM&Aは稼働中の診療所、居抜譲渡は閉院した診療所を引き継ぐことです。

　診療所のM&Aは、医療法人格を引き継ぐ場合には、基本的に病院のM&Aと同じ手順で進めていきます。ただし、無床診療所の場合は、病院のように病床設置許可申請が必要ないため、偶発債務リスクを回避する目的で法人格を承継しないケースも多いです。居抜譲渡は、閉院している診療所が使用していた内装や設備等が残った状態の物件を引き継ぎますので、不動産物件と同じ取扱いとなります。

　診療所の事業譲渡では、ブローカーが介在していることがよくあります。法律関連や契約条項などの専門知識を持たないブローカーが契約書を作成してきた場合は、契約書の内容に不備のあることが多いので、不利益を被らないよう細部にわたる確認が必要です。

　以下に気をつけるポイントを挙げていきます。

 譲渡代金の内訳がない

　法人格を引き継がない事業譲渡の場合は、診療所そのもの（医療機器や設備等）として譲渡します。譲渡代金について、総額しか記載がないことがありますが、譲渡に含まれる医療機器や内装などの付帯設備、建物や土地があればその評価など、譲渡代金に含まれているものを別紙明細にてすべて明らかにしておくべきです。また、譲渡内容にリース物件の医療機器等が含まれていることがあります。リース物件はリース会社に所有権があり、譲渡対象に含めるものではありません。

2 リース物件と契約に関する不備

　リース契約において、物件別に支払い期間やリース料など明細が記載されていないことがあります。契約物件ごとのリース期間などを明確にし、確認する必要があります。

　たとえば、レセプトコンピュータのリース残を引き継ぐことになっていたにもかかわらず、後になってリース契約が終了していることが判明した例もあります。

　また、支払いが終了していたとしても、使用継続にあたってはリース会社との合意が必要になります。リース会社が前契約者の中途契約解除ならびに新契約者へ地位の引継ぎに応じるか、所有権を放棄しなければ、そのまま使用することはできません。またリース契約に限りませんが、契約内容と現物の現況を正確に把握していないこともありますので、鵜呑みにせず関連書類の提出をできる限り依頼して確認する必要があります。

3 契約上の地位の移転の不備

　複数の診療所を開設している医療法人が、そのうちの1つの診療所の売却を希望していると、ブローカーが持ち込んできた事例がありました。

　買い手は、診療所自体は医師個人が開設するが、内装設備や医療機器は株式会社が買い取り、それを医師個人にリースするスキームで診療所の買取りに合意しましたが、ブローカーが作成した契約書は、株式会社が診療行為を行うことができないにもかかわらず、契約上のすべての地位を株式会社へ承継されるという内容になっていました。

　具体的には、契約上の地位の移転について「甲は、本件譲渡日までに、本件譲渡財産である契約上の地位（患者の診療契約を含む）が、乙に承継されるよう適切な措置、手続を講ずるものとし、乙は

これに協力する。」と書かれていたり、治療中の患者の前受金は乙に引き継がれる旨の記載がありました。

契約上の乙とは株式会社のことなので、ブローカーが作成した契約書のままでは、株式会社が患者との診療契約や治療費の前受金を引き継ぐことになってしまい、明らかに医療法違反となります。

診療所を医師個人が開設する場合でも、地方厚生局から指定期日を遡及して保険医療機関の指定を受ける際に円滑に事業が引き継がれているか確認するために契約書の提出を求められることがありますし、個人開設している診療所を医療法人化するときは、都道府県から前開設者から内装設備や医療機器を購入したことを証明する契約書の提出を求められたりします。

したがって、医療法に違反した契約書は避けなければなりません。

「遡及」の確認

個人診療所の譲渡または法人格は引き継がず事業譲渡を行うにあたり、買い手が継続して患者の診療を行う場合、保険医療機関としての指定を受けるまでの期間も引き続き保険診療ができるように指定期日を遡及して保険医療機関の指定を受ける必要があります。指定期日を遡及して保険医療機関の指定を受けるにあたっては、引継ぎに問題がないか、診療所を継ぐ医師の勤務実績等を確認します。とくに引継ぎ期間は明記されていませんが、事前に管轄の地方厚生局に相談をしておく必要があります。

医療機器や付帯設備など現況の確認

医療機器や付帯設備を引き継いだにもかかわらず、稼働状況を確認しなかったことで、開業後すぐに故障などのトラブルに見舞われることがあります。とくに、居抜譲渡で以前の診療所が閉院してか

ら日数が経過している等、医療機器や設備の不使用期間が長いとすぐに故障するおそれがあります。

　契約後にそれらの故障や不具合が発覚しても、瑕疵担保責任は譲渡日までが原則ですから、譲渡後は買い手が故障対応や買替えをしなければなりません。また、故障した設備等の撤去や新たな設備の導入で多額の費用が必要になることもあります。

　したがって、契約前に必ず現況確認を行い、引き継ぐ医療機器や付帯設備がいつから使われているのか、正常に使えるのか動作確認する必要があります。

医療機器の保守契約

　引き継ぐ医療機器について、各メーカーや取扱代理店との保守契約書で保守期間や保守範囲などを確認しておく必要があります。保守契約がすでに失効している場合は、修理費が実費となり予想外の出費になることもありますので、注意が必要です。とくにCTやMRIなど高価な医療機器の修理が必要な場合は、修理費用も高額となります。

7　賃貸物件の確認事項

　賃貸物件で承継する際は、事前にテナントオーナーの承諾を得ているか確認しておく必要があります。オーナーに事前確認のないまま、借主である院長と新契約者または介在するブローカーだけで話を進めることはトラブルのもとです。賃借契約の解除は通常6か月前に申し出ることが一般的ですし、通常は借主が変われば原状復帰が原則です。それを引き継ぐとなれば、オーナーの合意を得ておくことが不可欠です。ブローカーが介在している場合、オーナーと折衝していないことがあります。賃貸物件の診療所を引き継ぐときは、テナントオーナーから次の合意をかならず取り付ける必要があります。

- ○ 現契約者との賃貸借契約の解約または終了
- ○ 新契約者との新たな賃貸借契約の締結または既存契約の引継ぎ
- ○ 内装設備等を現状のまま使用すること
- ○ 診療所名称の変更（看板変更を含む）

　また、テナントオーナーから委託を受けて不動産管理会社が物件管理している場合は、管理会社の担当者を通して交渉することになりますが、合意まで予想以上に時間がかかることがありますので、承継に支障が出ないよう、時間の余裕を持って交渉することが必要です。

（池田宣康）

第③節 M&Aの失敗・成功事例と譲渡金額の算定例

1 M&Aの失敗・成功事例

実際のM&Aの事例を基に解説していきます。

ア）医療法人が開設している歯科診療所のM&A

きっかけ	理事長が勤務医に自院の買取りを打診しました。
状況	経営は良好であり、勤務医は譲り受けたい気持ちもありましたが、資金的な余裕はなく、譲渡金額の一括払いは無理な状況でした。
結果	解決策として、譲渡金額のうち歯科診療所が支払える金額を理事長の退職金として受け取り、残金は経営指導料として10年間受け取る契約を締結しました。しかし、譲渡後数年経過したころから経営の悪化により、経営指導料の支払い遅延が発生し始め、売り手の元理事長は心配しています。
ポイント	譲渡金額の一括払いが無理な状況であったため、経営指導料として受け取る方法を取りましたが、このような方法は極力避けるべきです。経営が悪化する事態が発生した場合に、資金の回収がかなり難しいからです。

イ）診療所のＭ＆Ａ

きっかけ	分院をいくつも展開している医療法人が所有する大手ショッピングセンター内の物件につき、ブローカーが仲介してきました。
状況	経営状況の詳細は不明でしたが、一定の患者数は見込めました。
結果	譲渡金額について、買い手は、来院患者数だけを確認して売り手の言い値で購入を決定し、譲渡日をもって従業員は全員退職しました。
ポイント	大手ショッピングセンター内の物件という好条件だったため、売り手は強気で、値下げ交渉には一切応じませんでした。指定期日を遡及して保険医療機関の指定を受けることについて、地方厚生局に問い合わせたところ、１か月勤務医として働いている実績があれば認められるとの確認ができたため、Ｍ＆Ａの１か月前に勤務医として働いてから承継しました。

ウ）病院のＭ＆Ａ

事例１

きっかけ	理事長が高齢の病院につき、承継を提案されました。
状況	決算書では利益が出ており、資金繰りもとくに深刻な状況ではなかったものの、売り手の希望金額の根拠となる経営状況把握やスタッフ引継ぎに関する詳細な資料の提供がなく、交渉にも応じてもらえませんでした。
結果	必要な資料の提供が受けられず、また交渉にも応じてもらえず断念しました。
ポイント	病院の場合は、どんなに好条件と思われる物件であっても診療所と違い、譲渡金額を算出したり簿外債務などのリスクを把握するためのデューデリジェンスは欠かせません。

事例2

きっかけ	生命保険代理店を通じて、売却の相談がありました。
状況	過大投資により資金繰りが悪化しており、倒産の危機に瀕していました。
結果	ある大手企業グループが病院の経営を引き受け、その大手企業グループの信用力で金融機関から融資を受けることができ、当面の資金繰りが解決して、倒産の危機は避けることができました。病院の譲渡金額は医療法人の出資金の額面のみと、売り手としては厳しい内容になりましたが、売り手は既存の借入れの連帯保証人をすべて外すことができたので、個人破産という最悪のケースを避けることができました。
ポイント	病院の倒産は避けたい・連帯保証人をすべて外したい・個人破産は避けたいという売り手の希望と、病院経営に参入したいという大手企業グループの思惑が一致した事例といえます。しかし、長い間地域医療を支えてきた病院であっても、資金繰りが悪化していれば、ほとんど売り値はつきません。

事例3

きっかけ	90床で開設している病院の理事長が亡くなりました。
状況	後継として親族の医師が理事長に就任しましたが、病院の建替えや診療報酬改定など病院経営上の課題への対応が困難であると考えており、オーナーとしてこのまま引き継いでいく意思はありませんでした。
結果	ある大手病院グループがM&Aを申し出て、出資持分を買い取るに至りました。理事長はそのまま勤務しています。
ポイント	買い手の大手病院グループが、売り手の病院がある地域に進出できるメリットが大きいと判断したことで、M&Aが成立しました。病院名は変更せず、経営面は買い手の病院グループがサポートしています。上記**事例2**との決定的な違いは、資金繰りが悪化する前にM&Aを行った点です。早めに決断したことで、比較的条件の良いM&Aとなりました。

事例4

きっかけ	合併により市となるにあたり、その地域の病床確保を公約として掲げた首長から、市に隣接する民間病院へ協力してほしいと相談がありました。
状況	相談を受けた民間病院は、同じ二次医療圏内の市からの依頼であり、地域医療の貢献でもあると考え、同じ医療圏に病院売却の話があれば検討することとしました。
結果	時期を異にして2病院からM＆Aの打診を受け、精査した結果、2病院ともに買い手として引き受けることにしました。どちらも買い取り金額は出資持分評価額です。2病院のうち1病院は、そのまま院長として勤務しています。
ポイント	買い手の病院へは、これまでいくつものM＆A案件の相談がありましたが、病院の方針が病床の拡大ではないこと、地域が離れている案件では自院との連携効果がないことを理由に断っていました。しかし、この案件については同じ二次医療圏内であり、地域医療の確保に貢献できること、および病院間の距離が近いため人的交流も含めた連携が図れることを勘案し、M＆Aに踏み切りました。

事例5

きっかけ	平成26年1月24日に閣議決定された産業競争力の強化に関する実行計画をもとに、国土交通省が病院不動産を対象とするリート（不動産投資信託）のガイドラインを作成したことをきっかけとして、ファンド会社が、ヘルスケアリートを組成するために参入してきました。
状況	病院再生や病院のM＆Aに実績を残してきたスタッフをそろえ、さまざまなルートから売却希望の病院との折衝を行っています。
結果	グループ傘下に入った病院数は増加の一途で、交渉を続けている案件も多く、合計病床数は間もなく3,000床を超える予定です。
ポイント	組成した不動産投資信託を投資家へ販売するまでの規模にするためには、今後さらに病床数を増やす必要があります。そのためには、売却希望の病院経営者に地域医療を支える理念を説き、ファンド会社へ売却することへの理解が必要となります。また、傘下の各病院が安定的に収益を確保できるための改革、改善を推し進めていかなければなりません。

2　病院のＭ＆Ａの譲渡金額の算定

　病医院のＭ＆Ａの形態は、持分あり医療法人、持分なし医療法人、個人開設、居抜譲渡の４つに分類され、譲渡金額の算定方法もそれぞれ異なります。また、病院と診療所でも実際の譲渡金額の決め方に違いがあります。

　医療法人の病院のＭ＆Ａは、あらためて病床設置許可申請の必要がない法人格ごと承継するのが通例です。一方、個人病院の承継は病床設置許可申請を行う必要があるので、病床の設置許可が下りず病床稼働できないリスクが生じます。そのため、個人病院の場合は法人化した後に引き継ぐこともあります。

　近年、病院のＭ＆Ａは、経営の先行きが思わしくないために、売却に踏み切る事例が多くなっています。すでに債務超過となっていることもありますし、仮に利益が出ていても内部留保が乏しく資金繰りが厳しい場合には、追加で資金投入をしなければ倒産のおそれがあり、注意が必要です。また、利益が出ていて資金繰りに問題がない病院で、表面上は健全経営に見えても、詳細に分析していくと思ったほどの資産価値がないことも少なくありません。たとえば、病棟建設から30年経過しており、建替えの時期に来ているにもかかわらず、その資金を確保していない場合などです。

　病院の大規模修繕や建替えの場合、キャッシュフローから逆算して返済可能な借入金額を算出しますが、借入可能な金額の範囲内で収まらなければ、不足分を自己資金で賄わければなりません。そのため、売り手の売却希望金額と買い手の買収希望金額が折り合わず、破談になるといったことが頻繁に起こります。売り手としては、自院は利益が出ていて法人税も払っているのだから優良病院だと判断していても、将来必要となる費用のための内部留保が確保されておらず、思ったほど実際の資産価値がないケースは多々あります。

　逆に、資産価値はないものの想定以上の金額で売却できることも

あります。資産価値はなくとも、病床設置許可を得ることが難しくなっている昨今では、病床を保有していることが既得権となり、病床を確保したい買い手がいても不思議ではありません。

複数の買い手が手を挙げれば入札となり、買収希望金額が高騰する可能性もあります。

3 診療所のM＆Aにおける譲渡金額の算定

診療所の譲渡においては、病院のように資料を精査して譲渡金額を算出することなく、当事者同士の話合いで決まるケースが大半です。売却希望金額の数字的な根拠を出さない、試算表すら見せたがらない売り手もいます。黒字のクリニックであれば年間の収入からおおよその売却希望金額の提示で決まり、赤字のクリニックであれば無償または建物の保証金のみで決まることもあります。

診療所が医療法人の場合、法人格ごと承継すると偶発債務を抱える可能性があります。売り手がそれを隠蔽することもありますし、売り手が認知していない債務が隠れていることもあります。したがって、法人格は引き継がず事業だけ承継することも多数あります。診療所は病院ほど組織規模が大きくないので、偶発債務にあまり神経質になる必要はないかもしれませんが、買い手は譲受後、新規に医療法人化する方が、無用なリスクを抱えずに済みます。

診療所の場合、勤務医である院長に経営移譲することも少なからずあります。一定年数以上勤務することを条件に診療所を院長に譲渡するケースで、これもM＆Aに含まれます。

このとき、買い手である院長に譲渡金額に見合うキャッシュを準備できなくとも、売り手が診療所の不動産を所有しているのであれば、少し高めに賃料を支払ってもらうことを条件に、本来の譲渡金額より低い金額で譲渡することもあります。

不動産賃貸であれば、買い手の支払いが滞ると法的に立退きを強制することができるため、リスク低減を図れます。

しかし、診療所が賃借物件だと、賃料の名目で支払ってもらうことができません。その場合は、経営指導料などの名目で支払ってもらうことになりますが、売り手が満額を受け取れる保証はありません。前述の例にある通り、買い手の経営悪化により支払いが滞るおそれがあり、売り手にとっては相応のリスクが生じる契約となります。

（池田宣康）

自主的な廃業とやむを得ない廃業（倒産）

1 概　要

　自主的な廃業とは、理事長または個人病医院の院長が自主的に病医院経営をやめることです。自主的に病医院経営をやめるためには、銀行の借入金などの債務をすべて完済することが必要です。

　やむを得ない廃業（倒産）とは、具体的な定義はありませんが、資金繰りがつかず（医療法人の場合、個人保証人である理事長の個人の財産を含めて）取引先への支払い、従業員への給与の支払いそして金融機関への借入金の返済ができず、これ以上病医院経営が続けられなくなることを意味します。

2 法的整理手続

　法律的な倒産手続は、裁判所の管轄のもとに財産を処分してできる限りの負債の返済をして病医院を清算する**破産手続**と、病医院の再生を図る**民事再生手続**があります。

　破産手続は、裁判所の監督のもとに、裁判所から選任された破産管財人が病医院の財産を処分していきます。裁判所および破産管財人が関与するため、破産を申し立てる際に裁判所に一定の予納金を納めなければなりません。

　破産の申立てにあたっては、裁判所に提出する書類として、債権者一覧表や財産目録が必要となり、病医院の資産および負債を調査することになります。

　破産手続開始決定後、病医院の財産の管理処分権はすべて破産管

財人に移ります。破産管財人は、病医院の財産を換価し、これにより回収できた財産を基にして、債権者に対して配当を行います。すべて配当が終了した段階で、破産手続終結となり、病医院の破産手続は終了となります。

民事再生手続は、バブル経済崩壊後に中小企業の倒産に対応するために、再建型倒産手続の和議の代替として施行された民事再生法による手続きです。

原則として、法的整理後も裁判所の監督下で再生債務者自らが病医院を経営しながら法的手続をし、再生を図るものです。破産手続をすれば、経営資源はすべてバラバラに換価され、二度と病医院を再生することは不可能となりますが、民事再生手続は、そのまま経営資源（施設、患者、スタッフ等の人的資源、病床の権利等）を活かして再生を図ることが可能です。

しかし、これまでの経営陣が病医院の経営悪化を招いたわけですので、通常、経営陣は、各々個人の経営責任をとって総退陣することになります。

具体的に民事再生手続を進めるには、申立代理人として弁護士と、その補助者として公認会計士がチームを組んで進めることになります。

民事再生手続は、利害関係人に対して同意が得られなくても、強制的に従わせることが可能です。ただし、抵当権（別除権）等の行使は原則として民事再生手続外で認められており、再生経営者は、別除権者と別除権のついた債務については、話合いにより合意することが必要になります。

また、租税債権等については、一般優先債権として再生手続によらず随時弁済しなければなりません。

再生計画の成立は、議決権を行使する再生債権者の過半数の同意（頭数要件）と、議決権総額の2分の1以上を有する再生債権者の同意（議決権額要件）があれば可決され、裁判所の認可を経て再生

計画に従った経営が可能となります。

病医院がその地域住民にとって必要不可欠な存在であれば、再生することが最適な選択になると思われます。

民事再生手続は、標準的なスケジュールでは申立てから再生計画案の認可が確定するまで6か月とされているので、比較的短期間で進めることになります。

ただし、再生手続の期間中は原則として自己資金で病医院経営を継続しなければならないので、運転資金を最低限6か月以上確保しておかないと、事業継続が不可能となります。事業継続ができなくなったときは、破産手続に移行せざるを得なくなります。

3 再生私的整理手続等

上記の民事再生手続のような法的手続に頼らず病医院の経営を再生する方法として、金融機関をはじめとする債権者と債務者である病医院が諸機関（弁護士・公認会計士・税理士・再生支援協議会等）の力を借りて、再生に向けて合意していく方法があります。

対外的に全く知られることなく計画が実行されるので、信用を毀損することはありませんが、法的拘束力はないので合意が得られる保証はなく、かつ時間的にも長期間要することになるでしょう。

4 やむを得ない廃業

やむを得ない廃業（倒産）の中には、何も法的な手続きをしないで逃げる、いわゆる「夜逃げ」も存在します。しかし、実際は、物理的にも精神的にも逃げられません。やはり、きちんと法律に則って廃業することが大切です。

きちんと法律に従った倒産ができれば、再生は可能ですが、逃げた場合は生涯逃げ続けることになります。

倒産はやむを得ない状況なので選択肢はあまりありませんが、廃

業は自らの意思で自由に決定できます。負債より資産のほうが多く、負債を完済できるのであればいつでも廃業できます。その意思決定をいつまでも伸ばしていると、いずれは倒産の道を歩むことになります。

病医院の終わらせ方が気になったときは、早めに専門家に相談することが大切です。

5 廃業時の状況

いったいどんな状況のときに、病医院の終わらせ方が気になるでしょうか。以下に、そんな条件を想定してみました。この段階で早期に気づき早めに対処すれば、打開できる可能性があります。

> ア）理事長または個人病医院の院長（以下、本人）が高齢化し、診療の継続が難しくなってきたとき
> イ）本人が病気事故等により休業状態となったとき
> ウ）医療事故（クレーム、医療訴訟、風評被害等）が発生し、精神的・肉体的な負担が過大となり、診療の継続が難しくなってきたとき
> エ）何らかの原因で急激に患者数が減少したとき
> オ）スタッフ等がたて続けに辞めてしまい、診療の継続が難しくなってきたとき
> カ）赤字経営、資金不足が慢性的に続いているとき
> キ）資金繰りのために診療報酬債権等のファクタリングを始めたとき
> 　　　　　　　　　　　　　　　　　　　　　　　　　　　　等

6 倒産時の状況

さらに、やむを得ない廃業（倒産）の状況を想定してみました。この段階に至っては、弁護士に相談することが望ましいといえます。

- ア）金融機関に借入金を返済できない（リース料の支払いもできない）
- イ）取引業者への支払いが長期間にわたり滞留
- ウ）従業員へ給与の支払いが慢性的に遅延
- エ）租税公課（消費税、社会保険等）等の支払いが慢性的に滞納
- オ）金融機関から新たな借入れができず、資金調達を保険証券の担保ローン、個人のカードローン、親戚友人からの借入等で賄っている。
- カ）本人の死亡　　　　　　　　　　　　　　　　　　　　　等

7　自主廃業するメリット

　倒産せずに自主的に廃業するメリットとして、以下のことが考えられます。

- ア）倒産による各種混乱を回避できる
- イ）患者に迷惑をかけることがない
- ウ）債権者に対して迷惑をかけなくて済む
- エ）倒産に比べて、従業員にできるだけ迷惑をかけなくて済む（雇用継続は不可能）
- オ）本人の家族に迷惑をかけなくて済む
- カ）未来のない資金繰り地獄に陥ることを回避できる（連帯保証人も含めて）
- キ）廃業後の本人の生活を確保できる　　　　　　　　　　　等

　しかし、廃業したくとも第三者の債務を整理できず、廃業すらできない場合も現実には多いと思われます。いずれにしても、医療法人および理事長、または個人病医院の院長にある程度自由になる資金がなければいろいろな選択ができないため、余裕のあるうちに検討を開始することが大切です。

（小山秀喜）

廃業の事例

　病医院の引き継ぎ方または終わらせ方が気になりだした方にとって、本書を手に取られたことはすごくラッキーなことだと思います。タイミングを逸し、何もせず、だれにも相談せずただ時間が経過し、結果として病医院経営を継続できなくなって途方に暮れるのではなく、前もって準備しておくことは、非常に大切です。

　諸事情は色々と異なるにしても、廃業する際に誰にも迷惑をかけないことが一番です。とくに、一緒に働いてくれた職員に給与・退職金を支払い、取引業者・取引金融機関に対してきちんと支払いを済ませ、租税公課等の支払いもし、そのうえでできれば自分または親族に退職金等が用意できるような状態で廃業できることが一番望まれます。

　最悪のケースは、自分の親しい友人や親族から借入れをしてでも金融機関の借入金を優先して返済してしまい、職員および業者への支払いが滞り、公租公課も滞納して廃業することです。

　本書を読まれた方は、廃業の概要は理解されたことと思います。しかし、皆様の置かれている状況は各々異なりますので、病医院の終わらせ方の意思決定にあたって、筆者が経験した過去の事例の一部をご参考までに紹介します。

自主的な廃業のケース

事例Ⅰ　高齢かつ実質的な後継者不在による廃業

対象	・A医療法人（地方にある内科系の無床クリニック） ・理事長：年齢80歳代（数年前から診療休止） ・長男：医師、病院勤務、妻も医師で病院勤務 ・次男：A医療法人の隣でクリニックを開業 ・兄弟仲が悪い ・2人ともA医療法人を承継する気がない ・理事長も、長男と次男が継ぐ気がないのであれば、すっきりと医療法人を清算結了したい ・医療法人：金融機関からの借入れなし（他の負債も一切なし） ・クリニックの不動産は理事長個人所有 ・主たる財産は終身保険のみ ・理事長の当面の生活資金の確保が必要
対策	・医療法人を解散清算手続 ・理事長に退職金として、保険証券（終身保険）を現物で支給（法人名義を個人名義に変更） ・理事長個人が当該保険証券担保に当面の個人資金を借入れ ・理事長は公正証書遺言を作成
所見	・親族内に医師がいても事業承継できるとは限らない ・事業承継は、早めに関係者間でコミュニケーションをとっておくことが大切 ・事業承継されないことが決まったら、早めに廃業に向けて準備を進める ・何でもできる経営者（親）ほど、後継者（子）は経験不足で判断を誤る傾向がある。経営者（親）は、後継者（子）の選定および教育の大切さを認識し、後継者に権限を早めに委譲していくことが必要 ・兄弟仲が悪いのはどうにもならないため、少しでも問題を引きずらないように事前に解決する努力が大切

事例Ⅱ　高齢かつ実質的な後継者不在による廃業

対象	B医療法人（内科外科系の無床クリニック） ・理事長：医師（妻はすでに他界） ・長女：医師（開業医に嫁ぎ、ときどき応援にきている） ・財産債務はほとんどない ・理事長の医師仲間の子供（医師）が引き継ぐ意思を表明
対策	・理事長の医師仲間の子供が、新院長（管理者）としてB医療法人に勤務 ・医療法人の運転資金および医療機器の新規設備投資資金を、新院長が工面 ・当面の間、B医療法人で診療を続け、その後B医療法人の近隣に新院長が個人開業し、医療機器および患者・スタッフ等を引き継ぐ ・医療法人は、理事長が解散・清算
所見	・地域医療を担う医療機関の役割として、患者をいったんB医療法人で新院長に引き継ぎ、地域医療を承継すると同時に、しばらくして近くに新院長が個人開業し、今までの患者を基盤として地域医療を提供していける ・親族外でも事業承継できる可能性がある ・事業承継の成功のポイントは、目先の損得よりも診療理念・方針等の考え方が共通しているか否か、お互いに信頼関係を築けるかが大切 ・決断が早ければ早いほど、双方にとって好ましい結果が得られる

事例Ⅲ　医療法人の診療を社会福祉法人の公益事業に組み入れた事例

対象	C医療法人（19床の産婦人科クリニック） ・理事長：父死亡により、息子（医師）に承継済 ・新理事長（息子）の母親は、社会福祉法人の理事長として保育園・特別養護老人ホーム・ケアハウス等を経営している
対策	・社会福祉法人の目的に、公益事業として医療を追加 ・社会福祉法人の理事長に、医療法人の新理事長（息子）が就任 ・公益事業として、社会福祉法人で19床の産婦人科クリニックを経営 ・医療法人は、解散・清算
所見	・先代が積極的に経営してきた医療と社会福祉（保育園・介護）の事業を息子が承継するにあたり、1つの法人として統括管理していく ・医療（産婦人科）は、市内立地のため、人口減少傾向にあり出産数も減少し、施設もかなり老朽化している。建て替えて産婦人科を経営するリスクはかなり高いが、社会福祉法人の公益事業として保険医療からの所得が非課税になることで、かなり健全化した医療経営が実施できる ・後継者として社会福祉事業と医療経営の一体経営ができる

事例Ⅳ　医療事故が起因となり金融機関の借入金残高がかなりある為、法的整理により自己破産した事例

対象	D医療法人（地方にある18床の産婦人科クリニック） ・理事長：某病院副院長を経て開業。妻は薬剤師 ・長男：会社勤務 ・開業当初より過大な設備投資のため、資金調達は難航 ・開業場所が人口の少ない地方のため、診療圏の出産人口もかなり少ない ・順調に付加価値の高い経営を実行していたが、医療事故がきっかけで理事長の体調が悪化 ・金融機関の借入金を全額返済するには、現状のままだと10年くらいかかるため、早めに経営継続不可と判断し廃業を決意 ・理事長の経営責任は、連帯保証人のみで、不動産等の物的責任（担保）はなかった
対策	・開業数年後から弁護士と顧問契約を締結し、事前に会計事務所とあらゆる場合を想定した話合いがもたれた ・金融機関にはこれまで返済を延滞することなく進め、常に情報を伝え、何か生じた場合に話合いがつかなければ自己破産を申請する旨を伝えながら業務を遂行 ・医療事故発生以降、このまま無理をして医療経営を継続しても各種リスクがますます高まると判断し、金融機関以外（従業員給与・退職金、取引先支払い、患者の入院等）に迷惑をかけない段階で事実上診療を休止 ・医療法人の施設を知人の医療機関に任意売却し、残った借入金を弁済する方向で進めていたが、結果として金融機関の了解が取れず、自己破産手続となった ・連帯保証人として、個人の自己破産の申立てをしたが、個人財産はすべて経営が悪化する相当前に次世代に承継している ・結果として、金融機関以外は一切迷惑をかけずに、現在親族所有の自宅にて生活できている
所見	・常に早め早めの対応と、問題解決能力が大切 ・物事を進めていくうえで、周囲の目や前例を気にせず何事も決断と勇気が必要 ・何事もことを始めるときは、小さく生んで大きく育てることが大切。開業当初からすべての夢を盛り込んだ計画を立てることは過大投資となり、問題となる ・どんなに経営能力があり体力もある医師でも、病気になることはあるし、中長期的に計画通りになるとはかぎらない ・どんなに素晴らしい医療技術・経験があっても、地方の場合は、診療圏が非常に大切である

2 やむを得ない廃業（倒産）のケース

事例Ⅴ　放漫経営による医療法人の経営悪化、そして院長の病気・死亡により自己破産した事例

対象	E 医療法人（19 床の産婦人科クリニック） ・理事長報酬はかなり高額 ・配偶者・後継者ともに不在（何度か再婚） ・資金にルーズ（絵画、会員権、マンション、先物取引、派手な交際等）。いわゆる放漫経営 ・所得はかなりあったが、それ以上に資金流失があり、本来問題なく返済できたはずの借入金をなかなか計画通りに返済できず、リスケジュール実行となった。その結果、医療法人・個人ともに多額の借入金が残ることとなった ・何度も会計事務所や監事から経営改善プランが提案されたが、全く聞き入れられなかった ・本人が大病となり、急遽代診の先生が診療を行ったが、そのことが患者を激減させることとなり、一挙に業者等への支払いにも支障が生じた
対策	・最終的は、弁護士のもとで医療法人・理事長個人の自己破産手続により処分 ・理事長が元気の間、何度も経営改善策を話し合ったが、すべて先延ばしで何も実行されなかった ・遊休資産（絵画、不動産、投資商品等）の処分についても先延ばしにより、最終的に相当に不利な条件にて売却 ・医療法人は、かなりの保険に加入していたため、理事長死亡により多額の保険金が入り、破産財源が捻出できたが、結果として各方面に多大な迷惑をかけた
所見	・問題を先送りするタイプの経営者は、最悪のシナリオになる可能性が高い ・内部または外部にしっかりと資金管理する者がいないとルーズな資金管理となる ・離婚・再婚を繰り返す等、家庭環境がきちんとしていないと放漫経営となる傾向がある ・目先の節税対策よりも健全経営が大切 ・終末の段階には、理事長はじめ従業員まで含めてすべてがコンプライアンス違反となる可能性がある

（小山秀喜）

おわりに

　何事も、はじめるときは明るい前向きな気持ちでスタートできますが、逆に終わらせるときは暗い後ろ向きな気持ちになり、はじめるときの何倍かの労力がかかるものです。
　そして、「お金」というものが重要な要素を占めます。
　お金はただ物またはサービスの交換手段だけではありません。
　お金というものは、とても大切なものであると同時に、またとても怖いものです。
　「お金がないのも悲劇、お金がありすぎるのも悲劇」。
　そんな大切なお金を大事に取り扱えば、そのお金は生きたお金として働いてくれますが、逆に粗末に扱い、ただ多額に蓄財していては親族間のトラブルに繋がることもあります。
　そこで、自分の財産（お金）を少しでも世のため人のために使ってもらうために、公益目的の寄付を生前にしておくことも、お金の大切な使い方かもしれません。
　結果として、相続財産が減少し、相続税も減り、使途が明確なところに自分のお金が有効に使われることになります。そのようなお金の使い方こそ、長い目で見てその家の繁栄につながるかもしれません。
　かつて二宮尊徳は、「たらいの水を自分の方に引き寄せると水は逃げてゆき、相手の方に押し出すと手元に戻ってくる」と言ったといいます。
　「立つ鳥跡を濁さず」、できる限りきれいに始末をして終わらせたいものです。
　引き継ぎ方や終わらせ方が気になりだした方にとって、本書が少しでもお役に立てれば幸いです。

　　　　　　　　　　　　　　令和元年6月
　　　　　　　　　　　公認会計士・税理士　小山秀喜

著者略歴

一般社団法人医業経営研鑽会　編著

正確な知識、高い見識及び社会的責任感や倫理観を持ったプロフェッショナルと呼べる医業経営コンサルタント育成を目的に平成22年に設立された団体（平成30年に一般社団法人化）。

東京都新宿区に本部があり、毎月第三金曜日に開催している事例研究会や教育研修会を通して医業経営に関するさまざまな知識や情報を提供し、その知識を活かす見識を備えるための研鑽を積む機会を提供している。

平成31年1月時点の会員数は118名。税理士、公認会計士、行政書士、弁護士、社会保険労務士、設計士、FPなどさまざまな分野で活躍している者が会員となっている。

西岡 秀樹（にしおか ひでき）　監修

税理士・行政書士
西岡秀樹税理士・行政書士事務所所長
一般社団法人医業経営研鑽会会長
事務所URL　https://nishioka-office.jp/
研鑽会URL　https://www.kensankai.org/

昭和45年6月東京都生まれ。大原簿記学校に在籍中に簿財2科目に合格、同校卒業後一度に税法3科目に合格して税理士となり、医業経営コンサルタント会社勤務を経て平成12年に独立。

平成22年に医業経営研鑽会（平成30年に一般社団法人化）を設立し、現在まで会長を務めている。

主な著書に「税理士・公認会計士のための医業経営コンサルティングの実務ノウハウ」（中央経済社）、「医療法人の設立・運営・承継・解散」（日本法令）、「医療法人の設立認可申請ハンドブック」（日本法令）などがある。

小山 秀喜（こやま ひでき）

公認会計士・税理士
税理士法人小山会計代表社員、公認会計士小山秀喜事務所代表
事務所URL　https://www.koa-g.com/

昭和31年長野県生まれ。明治大学商学部卒業。在学中に公認会計士二次試験合格。その後監査法人太田哲三事務所勤務（現　新日本有限責任監査法人）。昭和59年に退職し、長野県上田市で会計事務所経営。医業経営研鑽会所属。「M＆A及び事業承継」に関するセミナーを県内各地で開催。

著書に「税理士のための医業顧客獲得法」（中央経済社）などがある。

岸部 宏一（きしべ こういち）

行政書士法人横浜医療法務事務所代表社員
有限会社メディカルサービスサポーターズ代表取締役
特定行政書士／日本医師会医療安全推進者／2級福祉住環境コーディネーター／個人情報保護士
事務所URL：http://www.med-ss.jp/

1965年東京都生まれ（秋田市育ち）。1988年、中央大学商学部商業・貿易学科卒。

バイエル薬品㈱で10年余MRを経験後、民間医療法人（人工透析・消化器内科）事務長として医療法人運営と新規事業所開設を担当。2000年、㈱川原経営総合センター（川原税務会計事務所／現税理士法人川原経営）医療経営指導部で丁稚修行。2001年、行政書士登録。2004年、同僚と共に独立して以降、医業経営コンサルタントとして全国の病院・診療所の経営指導・経営支援の傍ら、医療法務分野の第一人者として法務実務及び医師会、薬剤師会、各種士業団体等での講演や執筆を通じ医療経営についての啓蒙活動を継続。

執筆に「診療所経営駆け込み寺」（日経BP「日経ヘルスケア」）、「クリニック事件簿」「ある日院長が倒れたら」（日経BP「日経メディカルオンライン」連載中）、「医療法人の設立・運営・承継・解散」（日本法令）、「クリニック開業を思い立ったら最初に読む本」（日本法令）、「小説で学ぶクリニック事業承継　ある院長のラストレター」（中外医学社）、「医療法人の設立認可申請ハンドブック」（日本法令）などがある。

小島 浩二郎（こじま こうじろう）

税理士
税理士法人晴海パートナーズ代表社員
平成27年4月～　公益社団法人日本新体操連盟監事
平成30年11月～　一般社団法人日本アーバンスポーツ支援協議会監事
事務所URL　https://www.harumi-partners.jp/
昭和47年4月東京都生まれ。大学卒業後大手簿記専門学校税理士科講師として勤務した後、平成10年1月、千代田区の公認会計士事務所に勤務し、病院・クリニックを中心とした医療系クライアントの税務申告や財務コンサルティングを行う。平成15年4月、東京都大田区にて個人事務所開設。平成27年1月、税理士法人晴海パートナーズ代表社員就任。現在は医療系クライアントの税務顧問やスポーツ系組織の監事などを歴任。

池田 宣康（いけだ のりやす）

株式会社医療経営代表取締役
事務所URL　https://iryokeiei.co.jp/
1966年生まれ、明治大学工学部機械工学科卒。1990年、蝶理株式会社入社。1999年、ソニー生命保険株式会社、エグゼクティブライフプランナー。在職中に1000人を超える病医院経営者と面談。2012年、経営コンサルタントとして独立。2017年より病医院の経営者向け月刊誌「月刊医療経営」を発行。病医院向けに個別経営相談を行っている。

病医院の引き継ぎ方・終わらせ方が 気になったら最初に読む本	令和元年 8 月 1 日　初版発行 令和 4 年 4 月20日　初版 3 刷

〒 101-0032
東京都千代田区岩本町 1 丁目 2 番19号
https://www.horei.co.jp/

	検印省略
編　著	医業経営研鑚会
監修者	西　岡　秀　樹
著　者	小　山　秀　喜
	岸　部　宏　一
	小　島　浩二郎
	池　田　宣　康
発行者	青　木　健　次
編集者	岩　倉　春　光
印刷所	日本ハイコム
製本所	国　宝　社

（営　業）	TEL 03-6858-6967	E メール	syuppan@horei.co.jp
（通　販）	TEL 03-6858-6966	E メール	book.order@horei.co.jp
（編　集）	FAX 03-6858-6957	E メール	tankoubon@horei.co.jp

（オンラインショップ）　https://www.horei.co.jp/iec/
（お詫びと訂正）　https://www.horei.co.jp/book/owabi.shtml
（書籍の追加情報）　https://www.horei.co.jp/book/osirasebook.shtml

※万一、本書の内容に誤記等が判明した場合には、上記「お詫びと訂正」に最新情報を掲載しております。ホームページに掲載されていない内容につきましては、FAXまたはEメールで編集までお問合せください。

・乱丁、落丁本は直接弊社出版部へお送りくださればお取替えいたします。
・JCOPY〈出版者著作権管理機構　委託出版物〉
本書の無断複製は著作権法上での例外を除き禁じられています。複製される場合は、そのつど事前に、出版者著作権管理機構（電話 03-5244-5088、FAX 03-5244-5089、e-mail: info@jcopy.or.jp）の許諾を得てください。また、本書を代行業者等の第三者に依頼してスキャンやデジタル化することは、たとえ個人や家庭内での利用であっても一切認められておりません。

© H.Nishioka, H.Koyama, K.Kishibe, K.Kojima, N.Ikeda 2019. Printed in JAPAN
ISBN 978-4-539-72672-3

◎ 医業経営研鑽会の本 ◎

クリニック開業を思い立ったら最初に読む本

A5判・264頁　定価（本体価格2,500円＋税）

ドクターの開業をサポートする「コンサルタント」を称する者の中には、ドクターの医療に対する想いや診療圏・診療内容の特性を無視して、自社のビジネスを最優先した提案を行う"悪徳ブローカー"も跋扈しており、それらが提案する過剰な設備投資や非現実的なプランに乗せられ、夢の実現とは程遠い結果となってしまうケースが多々あります。本書では、こうした悪徳ブローカーの被害に遭わないため、ドクターが開業に当たって押さえておくべき①事業計画の立て方、②設計・建築、③診療科目に応じて必要となる設備、④開業手続の進め方を、税理士・建築士・行政書士から成る"専門家集団"がアドバイス。

クリニックが在宅医療をはじめようと思ったら最初に読む本

A5判・300頁　定価（本体価格2,700円＋税）

新型コロナウイルスの影響による外来患者の減少や、外来医療需要が2025年を境に減少に向かうことが見込まれること、また、医療政策的に町のクリニックに期待される「かかりつけ医」の役割を考えると、今後もクリニックが収益を維持していくには、在宅医療への参入を真剣に検討する段階に来ているといえます。とはいえ、いざ在宅医療をはじめようとしても、外来診療後に患者居宅を回る等の物理的負担はもちろんのこと、夜でもゆっくり休めない、旅行にも行けないといった精神的負担も大きな障壁となっており、在宅医療への参入に二の足を踏んでいる院長も多いかと思われます。
本書はそのような院長向けに、はじめての在宅医療を軌道に乗せるにはどうすればよいかを、現役の事務長、医業経営コンサルタント、弁護士、税理士、行政書士の"専門家集団"が解説。いかに現場の負担を軽減し、在宅医療を無理なく進めていくか、具体的にイメージできる内容となっています。

お求めは、お近くの大型書店またはWeb書店、もしくは弊社通信販売係（TEL：03-6858-6966　FAX：03-3862-5045　e-mail：book.order@horei.co.jp）へ。

◎ 医業経営研鑽会の本 ◎

[3訂版] 医療法人の設立・運営・承継・解散

A5判・336頁　定価（本体価格 2,600 円＋税）

医療法人の設立・運営・承継・解散に係る実務について、行政対応上よく見受けられる誤解を指摘しながらわかりやすく解説。3訂版では、平成27年の医療法改正時の改訂版からも続いている医療法人制度改革を踏まえ、現行の医療法人制度に内在する課題を明らかにしていきます。代表的な課題である経過措置型医療法人とされる持分あり医療法人への移行など、重要な判断が必要となる場面で、経営者やコンサルタントという実務家の検討や判断の拠り所となるよう、解説しています。

歯科医院の法務・税務と経営戦略

A5判・200頁　定価（本体価格 2,200 円＋税）

日本の人口は 2004 年をピークに徐々に減少しているのに対し、歯科医院は人口ピーク時よりもさらに 2000 件超増えています（2018 年度）。一歯科医院あたりの経営が厳しくなるのも無理もありません。
一方で、歯科医院の自費率が上昇しています。つまり、保険診療以外の利益率の高い自由診療が増えていることを意味します。経営が厳しい中、歯科医院では積極的に様々な自由診療を行っており、この流れは今後も変わらないと考えられます。
本書は、このような歯科医院の現状に鑑み、これからの医院経営に欠かせない法律や医療制度の正しい知識と、自由診療における広告対策＆新たな取組みを解説しています。

お求めは、お近くの大型書店または Web 書店、もしくは弊社通信販売係（TEL：03-6858-6966　FAX：03-3862-5045　e-mail：book.order@horei.co.jp）へ。